NATÜRLICH kochen

Der pure Genuss

NATÜRLICH kochen

Der pure Genuss

Renée J. Elliott & Eric Treuille

Fotos von Ian O'Leary

DK

Dorling Kindersley

Dorling Kindersley

Widmung

VON RENÉE ELLIOTT
Für meine Mutter

VON ERIC TREUILLE
Ich widme dieses Buch:
Allen auf der Sheepdrove Organic Farm, und vor allem Charles Maclean und Peter Kindersley, durch die ich die Farm kennen lernte. Anabel und Juliet Kindersley, die biologisch gärtnern, einkaufen, kochen und essen. Und schließlich Eliette Gardou. Ich wuchs im ländlichen Südwest-Frankreich unter sehr erdverbundenen Menschen auf. Die meisten leben nicht mehr, doch Eliette in Le Turelet bleibt meine Lehrerin und Inspiration.

Die Deutsche Bibliothek – CIP-Einheitsaufnahme
Ein Titeldatensatz für diese Publikation ist bei Der Deutschen Bibliothek erhältlich.

Titel der englischen Originalausgabe:
The Organic Cookbook

Übersetzung Christiane Gsänger
Redaktion Renate Weinberger
Satz Luisa Adelmann

ISBN 3-8310-0139-1

Besuchen Sie uns im Internet
www.dk.com

Inhalt

Wählen Sie Naturkost

Köche und Gourmets in aller Welt sind sich einig: Wer gutes Essen zubereiten will, muss gute Zutaten nehmen.

GUT FÜR SIE Nahrungsmittel, die aus der ökologischen Landwirtschaft stammen, sind gut für uns alle, für unseren Planeten und sie schmecken einfach hervorragend. Natürliches Kochen beginnt mit diesen Lebensmitteln. Doch diese Form des Kochens geht über die bloße Entscheidung, nur Naturkost einzukaufen, weit hinaus. Es ist ein Lebensstil, der die Art, wie Sie kochen, essen und einkaufen, bestimmt und prägt.

SCHNELL UND GUT Das Ziel beim natürlichen Kochen ist, den Geschmack der Nahrungsmittel zu verstärken und nicht ihn zu verschleiern. Je besser die Qualität der Zutaten ist, umso weniger müssen Sie beim Zubereiten tun. Wenn Sie sich für Lebensmittel aus ökologischem Anbau entscheiden, lautet die Devise: Weniger ist mehr. Natürlich kochen heißt guter Geschmack ohne großen Aufwand – ein großer Vorteil für alle, die wenig Zeit haben.

JE EINFACHER, UMSO BESSER Natürliches Kochen basiert auf ausgesucht guten Zutaten, die so wenig wie möglich durch die Zubereitung verändert werden, um ihren typischen Geschmack, ihre Konsistenz und ihr Aroma voll zu erhalten. Die Zutaten spielen die Hauptrolle, die Rezepte sind nur ihre Bühne. Auf moderne schonende Weise zubereitet, sprechen die Nahrungsmittel für sich.

DIE NATÜRLICHE WAHL
Ökologische Landwirtschaft (auch ökologischer Landbau genannt) ist eine genau definierte Methode der Nahrungsmittelherstellung, die strengen Kontrollen, Gesetzen und Richtlinien unterliegt. Bio- oder Ökobauern arbeiten im Einklang mit der Natur und nicht mithilfe der Agrarchemie. Schwerpunkte des ökologischen Anbaus sind:

- *Gesunden, fruchtbaren Boden erhalten.*
- *Chemisch-synthetische Mittel – wie Pestizide oder künstliche Dünger – werden nicht verwendet.*
- *Artgemäße Tierhaltung.*
- *Ablehnung jeder Form von genetisch veränderten Lebewesen und Pflanzen.*
- *Bestreben, die Umwelt so wenig wie nur möglich zu belasten.*
- *Gesunde Lebensmittel erzeugen.*

Es ist schon eigenartig, dass wir die Nutzung der Agrarchemie als konventionell oder herkömmlich bezeichnen. Diese moderne Form der Landwirtschaft gab es noch nie. Es ist die ökologische Landwirtschaft, die traditionelle und moderne Erfahrungen und Erkenntnisse vereint. In Wirklichkeit ist sie die Landwirtschaft von heute und morgen. Sie bringt hochwertige, gesunde Nahrung ohne den Einsatz von Agrarchemie hervor. Sie ist unsere einzige Chance für die Zukunft, wenn wir unsere Welt mit ihrer Natur und den Ressourcen bewahren wollen.

VARIABLE REZEPTE Viele der Rezepte in diesem Buch sind als Anregung gedacht. Häufig finden Sie ein Grundrezept mit einigen Varianten, die alle auf dieselbe Weise zubereitet werden. Dabei handelt es sich entweder um unterschiedliche Kombinationen oder eine Auflistung möglicher Zutaten. Die Zutatenlisten bieten Ihnen viele Vorteile: Sie können das Gericht nach Ihrem persönlichen Geschmack gestalten, die Zutaten auswählen, die Sie gerade zu Hause haben, oder – bei Obst und Gemüse – die frische, preiswerte Ware nehmen, die gerade Saison hat.

KAUFEN SIE DAS BESTE Kaufen Sie Naturkost. Wer natürlich kocht, ist ein kritischer Verbraucher, der nur das Beste kauft, das auf dem Markt ist. Setzen Sie beim Einkauf all Ihre Sinne ein. Schauen Sie sich die angebotenen Nahrungsmittel genau an und riechen Sie daran. Obst oder Gemüse können Sie in vielen Läden in die Hand nehmen. Ist es ökologisch gezogen, wird es nicht immer perfekt – wie gemalt – aussehen. Doch wenn es erntefrisch vor Ihnen liegt, hat es einen appetitlichen Duft und eine vitale Frische, die Sie bei »Treibhausware« wohl kaum erleben werden.

SEIEN SIE KREATIV Scheuen Sie sich nicht, mehrere Rezeptvarianten oder Ihnen noch unbekannte Gewürze auszuprobieren. Kochen ist ein kreativer Prozess, der Spaß macht und sich lohnt. Herausgefordert von noch leeren Töpfen, sind Sie jeden Tag aufs Neue ein Künstler, der – angeregt von Farben, Formen und Aromen – ein neues Werk kreiert. Machen Sie Kochen zu dem, was es ist: Zu einem Ereignis, an das Sie selbst mit Freude drangehen und von dem Sie viel Freude zurückbekommen.

GOLDENE REGELN
Das Geheimnis liegt in der Erde: Die intensive Landwirtschaft laugt die Erde aus und entzieht ihr die natürlichen Mineralien und damit geht die Grundlage für eine nährstoffreiche Nahrung verloren. Für einen Biobauern steht der Boden und seine Fruchtbarkeit an erster Stelle. Verschiedene natürliche – ganzheitliche – landwirtschaftliche Methoden halten den Boden gesund und fruchtbar und ermöglichen die Erneuerung der Nährstoffe auf natürliche Weise. Das bedeutet: Auf einem Biohof werden in der Regel nicht nur Feldfrüchte unter Berücksichtigung eines vielseitigen Fruchtwechsels angebaut, sondern auch Nutztiere gehalten. Die Förderung von Nützlingen – Insekten, die Pflanzenschädlinge verzehren – und die Anpflanzung bestimmter Begleitpflanzen sind natürliche Maßnahmen, die helfen, Schädlinge und Krankheiten in Grenzen zu halten. Der ökologische Landbau sorgt für gesunden Boden, auf dem gesunde Pflanzen wachsen können und liefert uns so gesunde Nahrung.

EIN NATÜRLICHER GUTER GESCHMACK
Ökologische Nahrung wird so produziert, wie die Natur es vorsieht. Die Feldfrüchte wachsen ohne künstliche Dünger und ohne chemisch-synthetische Pflanzenschutzmittel. Die Nutztiere werden artgemäß gehalten und gefüttert und ohne wachstumsfördernde Mittel und ohne routinemäßige Verabreichung von Antibiotika aufgezogen. Da biologische landwirtschaftliche Produkte sich sehr viel langsamer entwickeln können als konventionelle, enthalten sie weniger Wasser und sind gehaltvoller, das heißt nährstoffreicher und geschmackvoller. Biobauern ziehen alte und regionale Sorten Hybriden vor, weil sie die Artenvielfalt bewahren wollen und sich den klimatischen Gegebenheiten anpassen. Ernte und Transport der Nahrungsmittel müssen so schonend erfolgen, das die Verluste bei den Nährstoffen und dem Geschmack so gering wie möglich bleiben. Während bei herkömmlich produzierten Lebensmitteln industrielle Verfahren oder chemische Mittel für wochenlanges frisches Aussehen sorgen, kommen ökologisch angebaute Produkte mit derlei Methoden überhaupt nicht in Berührung. Weder Aussehen noch sonst irgendetwas anderes wird beeinflusst. Naturkost ist frisch, sieht frisch aus, fühlt sich frisch an, riecht und schmeckt frisch.

GESCHMACK UND NÄHRWERT Selber kochen macht mehr Arbeit, als zum Telefon zu greifen und Nahrung zu ordern, die man nur noch in der Mikrowelle erwärmen muss. Doch die großen Unterschiede in Geschmack, Qualität und Genuss lassen sich nicht verleugnen. Jeder stimmt wohl zu, wenn man sagt, man ist, was man isst. Unsere Nahrung hält uns am Leben und ist die vorderste Verteidigungslinie im Kampf gegen Krankheiten. Wenn Sie selber kochen, haben Sie alles im Griff. Sie können sich optimal mit Nährstoffen versorgen und die Aufnahme von ungesunden Stoffen, die in konventionellen Nahrungsmitteln zu finden sind, begrenzen.

ENTSPANNEN UND SICH PFLEGEN In unsere hektischen Zeit kann das Kochen zu Hause einen Ruhepunkt am Ende eines turbulenten Tages bilden. Gemeinsam am Tisch zu sitzen und eine tägliche Mahlzeit einzunehmen, bringt mehr Lebensqualität. Essen ist ein sich Pflegen. Und wenn man sich um die Nahrung kümmert, ist das ein Kümmern um sich selbst. Das gemeinsame Essen nährt Leib und Seele. Nehmen Sie sich die Zeit, es zu genießen. Kaufen Sie mit Sorgfalt ein. Kochen Sie mit Freude. Essen Sie in Gesellschaft der Menschen, die Sie lieben.

Respekt ist das Herzstück des ökologischen Landbaus – Respekt vor unserer Nahrung, Respekt vor uns selbst und Respekt vor der Welt – unserer Welt, die uns allen anvertraut wurde, um sie zu erhalten und zu bewahren für zukünftige Generationen.

Achten Sie auf die Saison

In den letzten dreißig Jahren hat sich das Einkaufen dramatisch verändert. Im Lauf dieser Zeit achtete bald keiner mehr darauf, was die Jahreszeit gerade an Nahrung bietet. Wir sind damit aufgewachsen, Kirschen und Kopfsalat im dicksten Winter zu essen. Heute erhält man fast alles rund ums Jahr und das zu einem günstigen Preis. Was wir aber vergessen, sind die versteckten Kosten.

KEINE SAISON, KEINEN GESCHMACK Obst und Gemüse außerhalb ihrer natürlichen Reifezeit zu kaufen bedeutet, dass sie unreif gepflückt und Tausende von Kilometern transportiert wurden. Hohe Erträge, perfektes Aussehen, lange Haltbarkeit und die Fähigkeit lange Transporte heil zu überstehen, sind die Kriterien, die das Wachstum dieser pflanzlichen Nahrungsmittel diktieren. Geschmack oder Nährwert spielen dabei mit einiger Sicherheit keine Rolle. Aber je mehr Zeit zwischen Ernte und Verwertung verstreicht, umso höher sind die Verluste bei den Nährstoffen und dem Geschmack.

Wenn man Obst und Gemüse während ihrer natürlichen Saison kauft, sind sie überall zu einem guten Preis zu haben und auf dem Höhepunkt ihres Geschmacks und Nährstoffgehalts. Zu wissen, was gerade Saison hat, ist der erste Schritt zu einer äußerst schmackhaften und nährstoffreichen Nahrung.

DER BESTE ZEITPUNKT Die Saisonkalender auf Seite 10 sagt Ihnen, wann die einzelnen Obst- und Gemüsesorten ihre natürliche Saison haben, wobei Sie regionale Unterschiede beachten müssen. Wir fordern von Ihnen nicht, nie wieder etwas außerhalb der Saison zu kaufen. Einerseits lassen sich viele Obst- und Gemüsesorten gut lagern oder einfrieren. Zum anderen gehören importierte Sorten seit langem zu unserer Esskultur. Wir möchten Sie nur dazu animieren, die Gelegenheit zu ergreifen, frische Nahrungsmittel zu verspeisen, wenn sie am wertvollsten und im besten Zustand sind.

IM EINKLANG MIT DER NATUR Es wird Zeit für uns, unser Verhältnis zu den natürlichen Zyklen der Natur zu verbessern. Wir müssen eigentlich nur auf unseren Körper hören. Der verlangt in der kalten Jahreszeit nach herzhafter, kräftiger Nahrung und in der warmen Zeit nach leichter, erfrischender Kost. Mutter Natur richtet sich mit ihrem jahreszeitlichen Angebot danach. Kochen und essen Sie im Einklang mit den natürlichen Reifezeiten und Sie können sich an Obst und Gemüse in ihrer vollendeten Form erfreuen.

MAN IST, WAS MAN ISST

Eine gesunde Ernährung ist eines der wichtigsten Dinge, die wir für uns selbst tun können. Der Stress unserer hektischen Zeit belastet unseren Körper. Wir leben in einer vergifteten Umwelt. Und unsere Nahrung enthält nicht immer die Nährstoffe, die wir brauchen, sondern eher noch Stoffe, die uns zusätzlich schaden, z. B. Rückstände von diversen Mitteln der Agrarchemie. Unsere Essgewohnheiten haben sich in den letzten 20 Jahren drastisch verändert. Modegerichte, Diätenwahn und Panikstimmung bringende Nachrichten über gesundheitliche Gefahren haben den Blick für eine gesunde Ernährung getrübt. Wer wirklich richtig und gesund essen will, kocht seine Nahrung mit den bestmöglichen Zutaten selbst. Stimmen Sie mit der Gabel ab: Wählen Sie Produkte aus der ökologischen Landwirtschaft!

RICHTIG EINKAUFEN

Lassen Sie Ihre Einkaufsliste zu Hause. Gehen Sie in einen Bioladen oder auf einen Wochenmarkt, auf dem Biobauern ihre Produkte anbieten. Schauen und riechen Sie, was es da gerade an bester frischer Ware gibt. Lagern Sie die Nahrungsmittel richtig (s. S. 12-14) und verwenden Sie frische Produkte so schnell wie möglich.

Saisonkalender

	FRÜHJAHR			SOMMER			HERBST			WINTER		
Herzhaftes & feine Gemüse												
Artischocke				•	•	•	•					
Blattspinat	•	•	•	•	•	•	•	•	•	•		
Blumenkohl	•	•				•	•	•	•	•	•	•
Brokkoli	•	•				•	•	•	•	•	•	•
Fenchel (Knollen)	•	•					•	•	•	•	•	•
Kohl												
Grünkohl	•	•	•							•	•	•
Wirsing	•	•	•			•	•	•	•	•	•	•
Weißkohl	•	•	•	•			•	•	•	•	•	•
Rotkohl						•	•	•	•	•	•	•
Chinakohl					•	•	•	•				
Kohlrabi				•	•	•	•	•	•	•		
Mangold	•	•	•				•	•	•	•		
Paksoi/Senfkohl								•	•			
Rosenkohl	•	•							•	•	•	•
Spargel	•	•	•	•								
Staudensellerie	•	•	•	•	•	•	•	•	•	•	•	•
Zwiebelgewächse												
Lauchzwiebeln				•	•	•	•	•	•	•		
Porree/Lauch	•	•	•	•	•	•	•	•	•	•	•	•
Koblauch												
frisch		•	•	•								
getrocknet	•	•	•	•	•	•	•	•	•	•	•	•
Küchenzwiebeln	•					•	•	•	•	•	•	•
Schalotten					•	•	•	•	•	•	•	•
Salate												
Bataviasalat			•	•	•	•	•					
Brunnenkresse	•	•	•	•	•		•	•	•	•		
Chicorée	•								•	•	•	•
Eichblattsalat				•	•	•	•					
Eissalat/												
Eisbergsalat			•	•	•	•	•	•				
Endivie/Eskariol	•	•	•	•			•	•	•	•		•
Feldsalat	•							•	•	•	•	•
Friséesalat	•	•	•					•	•	•	•	•
Kopfsalat			•	•	•	•	•					
Lollo-Rossa-Salat				•	•	•	•					

	FRÜHJAHR			SOMMER			HERBST			WINTER		
Salate												
Löwenzahn		•	•	•								
Radicchio	•	•						•	•	•	•	•
Rauke	•	•	•	•	•	•	•	•	•	•		
Römersalat		•	•	•	•	•	•	•				
Sauerampfer	•	•	•	•								
Kräuter												
Basilikum			•	•	•	•	•	•	•			
Dill				•	•	•	•					
Estragon			•	•	•	•	•					
Kerbel			•	•	•	•						
Lorbeer	•	•	•	•	•	•	•	•	•	•	•	•
Minze		•	•	•	•	•	•	•	•			
Majoran			•	•	•	•	•	•	•			
Oregano			•	•	•	•	•	•	•			
Petersilie	•	•	•	•	•	•	•	•	•	•		
Rosmarin	•	•	•	•	•	•	•	•	•	•	•	•
Salbei	•	•	•	•	•	•	•	•	•	•	•	•
Schnittlauch		•	•	•	•	•	•	•	•			
Thymian	•	•	•	•	•	•	•	•	•	•	•	•
Hülsenfrüchte												
Buschbohnen					•	•	•	•				
Dicke Bohnen/												
Puffbohnen (frisch)				•	•	•						
Erbsen				•	•	•	•					
Feuerbohnen						•	•					
Stangenbohnen				•	•	•	•	•				
Zuckerschoten					•	•						
Fruchtgemüse												
Aubergine						•	•					
Okra				•	•	•	•	•				
Paprika					•	•	•	•				
Riesenkürbis							•	•	•	•	•	
Salatgurken				•	•	•	•					
Spaghettikürbis						•	•	•	•	•		
Tomaten				•	•	•	•	•				
Zucchini				•	•	•	•	•				
Zuckermais						•	•	•				

	FRÜHJAHR			SOMMER			HERBST			WINTER		
Wurzelgemüse												
Kartoffeln												
Neue Kartoffeln				•	•	•						
Lagerkartoffeln	•	•	•	•		•	•	•	•	•	•	•
Knollensellerie	•	•						•	•	•	•	•
Meerettich	•							•	•	•	•	•
Möhren				•	•	•	•	•				
Pastinake	•					•	•	•	•	•	•	•
Radieschen			•	•	•	•	•	•				
Rettich												
Weißer Rettich					•	•	•	•				
Schwarzer Rettich					•	•	•	•	•	•		
Rote Bete							•	•	•			
Rüben												
Herbstrübe								•	•			
Kohlrübe								•	•	•	•	•
Teltower Rübe			•	•	•	•	•	•	•			
Schwarzwurzel	•	•						•	•	•	•	•
Topinambur							•	•	•			
Wild- & Zuchtpilze												
Austernpilze	•	•	•	•	•	•	•	•	•	•	•	•
Champignons	•	•	•	•	•	•	•	•	•	•	•	•
Pfifferlinge				•	•	•	•	•	•			
Speisemorchel		•	•	•								
Steinpilze				•	•	•	•	•	•			
Einheimisches Stein- & Kernobst												
Äpfel	•					•	•	•	•	•	•	•
Aprikosen					•	•						
Birnen						•	•	•	•			
Mirabellen					•	•	•					
Pfirsiche					•	•	•	•				
Pflaumen					•	•	•					
Quitten								•	•			
Renekloden						•						
Sauerkirschen					•	•	•					
Süßkirschen				•	•	•						

	FRÜHJAHR			SOMMER			HERBST			WINTER		
Einheimisches Beerenobst												
Brombeeren					•	•	•					
Erdbeeren			•	•	•	•						
Heidelbeeren						•	•					
Himbeeren				•	•							
Johannisbeeren				•	•	•						
Jostabeeren					•	•						
Maulbeeren						•	•					
Preiselbeeren						•	•	•				
Stachelbeeren				•	•	•						
Weintrauben						•	•	•				
Zitrus- und andere exotische Früchte												
Ananas	•	•	•	•	•	•	•	•	•	•	•	•
Bananen	•	•	•	•	•	•	•	•	•	•	•	•
Clementinen								•	•	•	•	
Dattel	•	•	•	•	•	•	•	•	•	•	•	•
Feige	•	•	•	•	•	•	•	•	•	•	•	•
Granatapfel					•	•	•	•	•	•	•	•
Grapefruit	•	•	•	•	•	•	•	•	•	•	•	•
Guave	•	•	•	•	•	•	•	•	•	•	•	•
Kaki	•	•	•	•	•		•	•	•	•	•	•
Kaktusfeige	•	•	•	•	•	•	•	•	•	•	•	•
Kapstachelbeere	•	•	•	•	•	•	•	•	•	•	•	•
Karambole	•	•	•	•	•	•	•	•	•	•	•	•
Kiwi	•	•	•	•	•	•	•	•	•	•	•	•
Kokosnuss	•	•	•	•	•	•	•	•	•	•	•	•
Kumquat	•	•			•	•	•	•	•	•	•	•
Limette	•	•	•	•	•	•	•	•	•	•	•	•
Litchi	•	•	•				•	•	•	•	•	•
Mandarinen									•	•	•	•
Mango	•	•	•	•	•	•	•	•	•	•	•	•
Maracuja	•	•	•	•	•	•	•	•	•	•	•	•
Melonen	•	•	•	•	•	•	•	•	•	•	•	•
Orangen	•	•	•	•	•	•	•	•	•	•	•	•
Papaya	•	•	•	•	•	•	•	•	•	•	•	•
Passionsfrucht	•	•	•	•	•	•	•	•	•	•	•	•
Pomelo	•	•	•	•	•	•	•	•	•	•	•	•
Satsuma								•	•	•	•	•
Zitronen	•	•	•	•	•	•	•	•	•	•	•	•

Auswählen und lagern

Gutes Kochen und gesundes Essen beginnt mit sorgfältigem Einkaufen und richtiger Lagerung. Unser Saisonkalender (s. S. 10–11) sagt Ihnen, welche Produkte Sie frisch beim Händler erwarten können. Nehmen Sie sich Zeit beim Einkauf von Obst und Gemüse – Aussehen, Konsistenz und Geruch können Ihnen viel über die Qualität sagen. Bringen Sie Ihre Einkäufe unverzüglich nach Hause, achten Sie auf ordnungsgemäße Lagerung und bereiten Sie die Mahlzeiten kurz vor dem Essen zu, da sonst Nährstoffe verloren gehen. Je frischer Sie ein Produkt genießen, desto voller ist sein Aroma und desto höher sein Nährwert.

Wählen Sie Ware, die frisch und »lebendig« aussieht. Biologisch gezogenes Obst und Gemüse sind oft nicht perfekt im Aussehen, doch sollten sie nur kleine Unregelmäßigkeiten aufweisen, keine Flecken, weichen Stellen und Risse. Tasten und schnüffeln Sie. Frische Ware, die im Verhältnis zur Größe schwer ist, hat oft mehr Saft und Aroma. Der Duft zeigt bei vielen Früchten und manchen Gemüsen die Reife an. Eine reife Bio-Tomate riecht so stark nach Tomate, wie es eine Gewächshaustomate nie kann.

In modernen Wohnungen gibt es selten kühle Speisekammern. Die meisten Gemüse und viele Früchte lagern Sie am besten in einer Plastiktüte mit Luftlöchern im Gemüsefach des Kühlschranks. Entfernen Sie von eingeschweißten Früchten oder Gemüsen unbedingt das Plastik, sonst schwitzen sie und verderben sehr leicht.

Herzhafte Blattgemüse sollten »lebendig« aussehen und sich knackfrisch anfühlen. Gelbe oder welke Stellen zeigen an, dass sie alt sind. Spinat kaufen Sie am besten lose, da sich in abgepackten Tüten oft welke und kaputte Blätter finden. Blattgemüse halten ungewaschen im Kühlschrank vier Tage.

Wählen Sie **Kohl** mit einem festen, im Verhältnis zur Größe schweren Kopf und **Blumenkohl** oder **Brokkoli** mit festen, knackigen Röschen. Im Kühlschrank halten sich die Kohlarten bis zu einem Monat, Blumenkohl und Brokkoli bis zu fünf Tagen.

SPITZENEINKÄUFE
Wählen Sie Produkte, die in der Region gewachsen sind und die gerade ihre Saison haben. Sie stecken jetzt voller Nährstoffe. Nachfolgend einige Tipps für die Auswahl von gesundem Obst und Gemüse. Zunächst drei Stichwörter, die beim Einkauf ausschlaggebend sind:

natürlich
jahreszeit-
gemäß
regional

SAGEN SIE IHRE MEINUNG!
Was Sie kaufen, wonach Sie fragen und was Sie reklamieren, hat Einfluss auf die Qualität und Auswahl an frischer Ware in einem Geschäft. Sagen Sie Ihre Meinung! Wenn etwas nicht im Sortiment ist, fragen Sie ruhig danach.

GUTES AN DER OBERFLÄCHE
Eine Bürste mit Naturborsten ist ein wichtiges Gerät in der natürlichen Küche. Verwenden Sie es zum Säubern der Schale aller Früchte und Gemüse.

Wenn die Schale von Früchten oder Gemüsen essbar ist, schälen Sie sie nach Möglichkeit nicht. Die Schale und das Fleisch direkt darunter sind reich an Nährstoffen und Ballaststoffen. Konventionell gewachsene Produkte sollten Sie immer sorgfältig schälen, denn selbst bei gründlichem Waschen bleiben Rückstände von Fungiziden und Pestiziden auf der Schale.

Betrachten Sie bei Stielgemüsen wie Artischocken und Spargel die Schnittflächen. Wenn Sie braun und trocken sind, liegt die Ernte bereits einige Zeit zurück. Die Blätter von Artischocken und die Schuppen an Spargelspitzen sollten fest geschlossen sein wie bei frischen Blütenknospen – das sind sie eigentlich auch. Wie Blumen bewahrt man sie am besten mit den Stängeln in kaltem Wasser – an einem kühlen Platz und die Oberteile lose mit einer Plastiktüte bedeckt. Entfernen Sie die Gummiringe von den Spargelstangenpäcken. Artischocken halten sich bis zu einer Woche. Spargel wird am besten am Tag des Kaufs verzehrt, oder noch besser am Tag der Ernte.

Staudengemüse wie Sellerie und Fenchel sollen fest mit knackigen Köpfen und ohne braune Stellen sein. Sellerie hält sich gekühlt bis zu einem Monat, Fenchel wird nach fünf Tagen trocken und faserig.

Zwiebeln und Knoblauch halten sich sehr gut, bis zu drei Monaten an einem kühlen, trockenen Platz. Wählen Sie Zwiebeln mit trockener, papierartigen Schale, die relativ schwer sind. Nehmen Sie keine, die leicht sind oder zu keimen beginnen.

Frische Lauchgewächse, wie Porree und Frühlingszwiebeln, mit knackigem Grün und festen weißen Zwiebeln halten sich gekühlt etwa eine Woche.

Nehmen Sie nie Blattsalat mit braunen Schnittflächen und welken äußeren Blättern. Die Blätter sollten knackig und der Kopf fest geschlossen sein, vor allem im Innern. Verletzte Blätter vor der Lagerung entfernen. Blattsalate halten sich ganz und ungewaschen bis zu vier Tagen im Kühlschrank, zerpflückt, gewaschen und getrocknet bis zu drei Tagen. Zerpflücken Sie die Blätter immer erst kurz vor dem Servieren. Matte Salate werden wieder knackig, wenn man sie fünf Minuten in eiskaltes Wasser legt, abgießt und trocknet. Vor dem Verwenden 15 Minuten in der Gemüseschale des Kühlschranks kühlen.

Brunnenkresse sollten Sie im Büschel kaufen. Aufbinden und gelbe oder welke Zweige entfernen. Zum Lagern im Kühlschrank die Blätter in einen Krug mit kaltem Wasser geben, aus dem Sie die Stiele herausstehen lassen.

Kaufen Sie Kräuter, die frisch aussehen und keine welken Blätter haben, möglichst immer im Büschel. Lassen Sie sich bei der Wahl von Ihrer Nase leiten. Mit den Stielen im Wasser (alle zwei Tage erneuern) und leicht mit einer Plastiktüte bedeckt aufbewahren – gekühlt bis zu fünf Tagen. Blätter oder kleine Zweige in Küchenpapier wickeln und lose in einer Plastiktüte in den Kühlschrank geben. So halten sich die meisten Kräuter bis zu vier Tagen. Koriander sollte innerhalb von zwei Tagen verwendet werden.

Frische Grüne Bohnen lassen sich nicht in der Mitte zusammenfalten, sondern sie brechen auseinander. Gekühlt aufbewahren und innerhalb von fünf Tagen verbrauchen. Erbsen in der Schote immer so kurz vor dem Kochen kaufen wie möglich. Die natürlichen Zucker beginnen nach der Ernte, sich in Stärke zu verwandeln. Wählen Sie glänzende grüne Schoten, die nicht zu prall sind, denn überreife Erbsen werden häufig schnell mehlig.

Zuckermais wird am besten kurz nach der Ernte gegessen. Kaufen Sie immer ganze Kolben. Sie sollten grün sein und feucht aussehen. Ritzen Sie ein Korn mit dem Fingernagel an. Wenn der Mais frisch geerntet ist, tritt ein milchiger Saft aus. Verzehren Sie Mais am besten am Tag des Einkaufs. Ansonsten in den Kühlschrank geben und am nächsten Tag essen.

Fruchtgemüse sollten Sie nicht im Kühlschrank aufbewahren, da die Kühlung ihrem Aroma und ihrer Struktur schadet. Ein kühler trockener Raum bekommt Auberginen, Kürbissen, Tomaten, Avocados und Paprika am besten, auch Gurken mögen übermäßige Kälte nicht. In einer warmen Küche ist das Gemüsefach des Kühlschranks die einzige Lösung, doch dann sollten die Fruchtgemüse zwei bis drei Tage nach dem Kauf verzehrt werden. Sie sollten Früchte wählen, die fest, glänzend und relativ schwer sind. Betrachten Sie das Stielende. Es sollte frisch aussehen, nicht ausgetrocknet. Ob eine Avocado reif ist, spüren Sie, wenn Sie vorsichtig darauf drücken: Gibt sie dem Druck leicht nach, ist sie reif, wenn nicht, sollte sie bei Zimmertemperatur oder in einer geschlossenen Papiertüte nachreifen. Ganze Kürbisse halten sich an einem kühlen trockenen Platz einige Monate lang. Wenn sie aufgeschnitten sind, halten sie sich in Frischhaltefolie im Kühlschrank bis zu einer Woche.

Wählen Sie nie **Wurzelgemüse**, die welk oder runzelig sind. Am besten ist es, wenn das Grün noch dran ist, weil es ein Zeichen für Frische ist. Wenn es gesund und feucht aussieht, sind auch die Wurzeln in Ordnung. Zum Lagern wird das Grün abgeschnitten, nur ein kurzer Stiel bleibt stehen. Dann kann das Gemüse ungewaschen bis zu zwei Wochen gekühlt aufbewahrt werden. Auch das Grün von **Roten Beten** und **Rüben** schmeckt gut. Es wird so aufbewahrt wie die herzhaften Blattgemüse. **Kartoffeln** lagert man am besten kühl und trocken, durch Papiertüten oder Säcke vor Licht geschützt. So halten sie sich zwei bis drei Wochen. Nehmen Sie nie Kartoffeln, die keimen oder Risse, weiche oder grüne Stellen haben.

Pilze sollten köstlich nach Erde riechen. Nehmen Sie nie welke oder schleimige Exemplare. Zum Aufbewahren lose in Papiertüten verpacken, damit sie atmen können. Kühlen, aber nicht in der Gemüseschale, weil es dort zu feucht ist. Spätestens am Tag nach dem Einkauf verzehren.

Die meisten **Früchte** haben das beste Aroma, wenn Sie bei Zimmertemperatur gelagert werden. **Äpfel**, **Zitrusfrüchte**, **Kiwis** und **Bananen** halten sich gut und eignen sich hervorragend für Obstschalen. Doch die meisten Früchte sollten nicht länger aufgehoben werden, wenn sie reif sind. Wenn Sie nur einmal in der Woche einkaufen, bekommen Sie bei Früchten nicht immer die beste Qualität. Noch nicht ganz reife Früchte lassen Sie in einer Papiertüte nachreifen, doch achten Sie darauf, dass diese nicht zu voll ist.

Grundregel ist: Wählen Sie Früchte, die fleischig aussehen, sich fest anfühlen und im Verhältnis zur Größe schwer sind. Der Duft ist das beste Zeichen für die Reife. Untersuchen Sie empfindliche Früchte wie **Beeren**, **Feigen** oder **Steinobst** immer sorgfältig auf Verletzungen und Druckstellen. Wenn Sie solche leicht verderblichen Früchte aufbewahren wollen, legen Sie sie in einer Plastiktüte in die Gemüseschale des Kühlschranks. Dort halten sie sich etwa drei Tage. Wenn Sie **Melone** und **Ananas** gekühlt bevorzugen, geben Sie die Früchte immer in einer verschlossenen Plastiktüte in den Kühlschrank, da ihr Geruch alle anderen Produkte, vor allem Milchprodukte, beeinträchtigt!

Grundvorrat

Ein gut ausgewählter Grundvorrat ist der erste Schritt, um das Kochen zu Hause leicht zu machen. So können Sie ohne weiteres auch mal ein Gericht auf den Tisch zaubern, ohne vorher einkaufen zu gehen. Achten Sie auf die Haltbarkeit der Lebensmittel. Ist die Haltbarkeitsfrist abgelaufen, schmecken die Nahrungsmittel nicht mehr so gut und sie sind häufig auch schon bald verdorben – Öl wird ranzig, Hülsenfrüchte und Getreide können schimmeln. Auf jeder verpackten Ware muss ein Haltbarkeitsdatum stehen. Falls Sie die Lebensmittel umfüllen, schreiben Sie dieses Datum auf den neuen Behälter, damit Sie nicht den Überblick verlieren.

FÜR DIE SPEISEKAMMER ODER DEN VORRATSSCHRANK

Bohnen, konserviert Nehmen Sie nach Möglichkeit nur Bohnen und andere Hülsenfrüchte, z. B. Kichererbsen, die in Wasser konserviert sind. Ob im Glas oder in der Dose ist gleichgültig. Aus Hülsenfrüchten können Sie leicht sättigende Suppen und Salate machen. Gewürzt mit Knoblauch, etwas Zitronensaft und Olivenöl lässt sich im Mixer schnell ein schmackhafter Dip zubereiten.

Essig Für alle, die gern gut essen, gehören roter Weinessig und Balsamico zum Grundvorrat. Roter Weinessig ist (fast) unentbehrlich für ein French Dressing. Und ein paar Tropfen Balsamico – vor oder nach dem Garen zugegeben – verstärkt den Geschmack von Gegrilltem oder Gebratenem.

Getreide & Reis Biologisch gezogenes Getreide und Getreideprodukte sowie naturgemäß gezogener Reis sind in der Regel einfach zu bekommen. Wir bevorzugen Couscous, Polenta, grobes Maismehl und Reis – Arborio für Risotto, Basmati für asiatische Gerichte. Eine der nährstoffreichsten Reissorten ist der braune Reis.

Gewürze Kaufen Sie Gewürze möglichst im Ganzen. Mahlt oder zerstößt man sie erst kurz vor der Verwendung entwickeln sie das beste Aroma und den feinsten Geschmack. Und im Ganzen aufbewahrt behalten sie beides auch viel länger, wie Sie das bei Pfeffer oder Muskatnuss sicher schon selbst festgestellt haben. Bei zerkleinerten oder gemahlenen Gewürzen sollten Sie Ihren Vorrat so bemessen, dass er innerhalb eines halben Jahres verbraucht ist. Das betrifft z. B. gerebelten Chili, Koriander und Kreuzkümmel, Paprika- und Kurkumapulver sowie Zimt.

Hafergrütze Als Porridge zubereitet oder als Bestandteil eines Jogurt-Müslis bietet geschroteter Hafer einen Energie spendenden Start in den Tag.

GROSSEINKAUF

Nahrungsmittel lose und in großen Mengen zu kaufen lohnt sich in der Regel. Man zahlt nur für die Ware und nicht für irgendeine aufwendige Verpackung. Der einzige kleine Nachteil dabei ist, dass Sie sich selbst um das Haltbarkeitsdatum kümmern müssen. Was nicht in den Kühlschrank oder ins Gefriergerät kann oder muss, verpackt man am besten in luftdichte Behälter, die man beschriften sollte. Vermischen Sie nie bereits gelagerte Produkte mit den neuen. Und beachten Sie die Haltbarkeit. Es hält sich:

Getreide	6 Monate
Hülsenfrüchte	1 Jahr
Mehl	2 Monate
Nüsse	1 Monat
Brauner Reis	6 Monate
Weiße Reis	1 jahr

TIPPS ZUM EINFRIEREN

Frieren Sie möglichst nur hochwertige und ganz frische Produkte ein. Verpacken Sie alles sorgfältig und luftdicht, um Gefrierbrand zu vermeiden. Beschriften Sie alle Verpackungen gut lesbar und beachten Sie folgende Haltbarkeitszeiten:

Brot	3 Monate
Butter	6 Monate
Fisch	3 Monate
Meeresfrüchte	3 Monate
Große Fleischstücke	6 Monate
Hackfleisch	3 Monate
Wurstwaren	3 Monate
Hühnchen	3 Monate
Gemüse	1 Jahr
Beeren	1 Jahr
Nüsse	6 Monate

Honig Die beste Wahl bei diesem natürlichen Süßmittel ist ökologisch produzierter Honig. Konventionell hergestellter Honig kann Zusätze haben und wird oft mit sehr hohen Temperaturen erhitzt.

Knoblauch Wenn sich Olivenöl, Salz, Knoblauch und Nudeln in Ihrem Vorrat befinden, haben Sie immer schnell eine Mahlzeit fertig.

Kräuter, getrocknete Nicht alle Kräuter lassen sich in getrockneter Form verwenden. Doch Oregano, Thymian, Rosmarin und Herbes de Provence (Kräutern der Provenze) würzen und schmecken getrocknet ausgezeichnet.

Mehl – Zusammen mit Milch und Eiern haben Sie im Nu Crèpes oder Pfannkuchen fertig – für einen süßen oder pikanten Snack oder auch für eine vollständige Mahlzeit. Und man kann sie einfrieren, genau wie Kuchen oder Gebäck.

Nudeln, Pasta – Teigwaren dürfen in keinem Vorrat fehlen, denn mit keinem anderen Lebensmittel können Sie so schnell und einfach eine leckere Mahlzeit zubereiten. Lagern Sie Nudeln in unterschiedlichen Größen und Formen und nehmen Sie am besten Pasta – italienische Nudeln aus Hartweizengrieß und ohne Eier hergestellt.

Öl Zwei Sorten sollten Sie immer zur Hand haben: natives Olivenöl zum Kochen und natives Olivenöl extra (höchste Qualitätsstufe) für Dressings und zum Beträufeln fertiger Gerichte. Beide Sorten sind kalt gepresst und nicht raffiniert. Vorsicht: Heißt es nur »Olivenöl«, ist dies ein (erlaubtes) Gemisch aus nativem und raffiniertem Olivenöl! Sinnvoll im Vorrat sind auch eher neutral schmeckende, leichte Öle, z. B. Sonnenblumenöl oder Distelöl.

Pesto Diese italienische Spezialsauce passt ausgezeichnet zu Pasta, Gemüsesuppen und Eintöpfen oder zu gegrilltem Hähnchen, Fleisch oder Fisch. Kaufen Sie fertigen Pesto im Glas, müssen Sie ein angebrochenes Glas immer im Kühlschrank aufbewahren.

Pfeffer Eine Pfeffermühle ist ein unentbehrlicher Gegenstand für alle, die zu Hause kochen. Kaufen Sie möglichst immer ganze Pfefferkörner.

Salz Feinschmecker wissen, dass es bei Salz große Unterschiede gibt. Wir bevorzugen grobes und feines Meersalz und achten sehr darauf, dass es aus unverschmutzten Gewässern kommt und auf bewährte natürliche Art hergestellt wurde.

Schokolade Genießen Sie ohne Reue – in Maßen natürlich. Das gehört mit zum Leben auf ökologischer Basis – glückliche Menschen leben länger. Bio-Schokolade enthält mehr Kakao und keine hydrierten Fette.

Senf Er kann für Dressings, Saucen und Marinaden und als Würze für Brotbelag verwendet werden. Wir bevorzugen den glatten Dijon-Senf.

Shoyu Diese japanischen Sojasauce ist süßer, leichter und nicht so salzig wie die üblichen, im Handel vorwiegend angebotenen Sojasaucen.

Tomaten, konserviert Wir bevorzugen, die sonnengereiften Pflaumentomaten, die von hoher Qualität sind. Sie sind eine wunderbare Grundlage für Pasta-Saucen und um Wintersuppen oder Eintöpfe zu verbessern und geschmacklich anzureichern.

Tomatenketchup Als Bioprodukt ist es naturbelassen und schmeckt stärker nach richtigen Tomaten als die konventionellen Produkte und ist auch nicht so aufdringlich süßlich.

Trockenobst Sie sind ein Energie spendender süßer Bissen oder eine nährstoffreiche Zutat für Müsli oder Kompott.

Wein Sie erhalten eine exzellente Sauce, wenn Sie ein halbes Glas auf gerade angebratenes Fleisch gießen und die Flüssigkeit einkochen lassen, bis sie sämig ist. Wein verleiht auch langsam kochenden Eintöpfen und Schmorgerichten einen feinen Geschmack. Und Bio-Wein schmeckt natürlich auch als Getränk köstlich.

Zwiebeln Vielseitig verwendbar – als Würze glasig gebraten oder als Gemüse – sind sie ein fester Bestandteil des Grundvorrats. Wir mögen die roten Zwiebeln genauso gern wie die gelben Küchenzwiebeln. Die roten sind milder als die gelben.

FÜR DEN KÜHLSCHRANK

Butter Lagern Sie Butter immer im Kühlschrank. Als Kuchenzutat sollte sie Zimmertemperatur haben.

Jogurt Zum Frühstück, als erfrischender Snack, als Dessert oder fettarme Garnierung von Suppen ist Natur-Jogurt optimal. Wir bevorzugen den cremigen griechischen oder türkischen Jogurt.

Eier Nicht geht schneller als ein Eigericht. Sie vorrätig zu halten, lohnt sich immer, denn man kann sie mit vielen Lebensmitteln aus dem Vorrat kombinieren.

Käse PARMESAN lässt sich am besten in einem Stück von nicht mehr als 250 bis 300 Gramm Gewicht lagern. Schlagen Sie den Käse in Folie ein und legen Sie ihn ins Gemüsefach des Kühlschranks. Parmesan, Butter, Paprikaschoten und Nudeln ergeben ein leckeres, schnelles Gericht. Vorrätig haben sollten Sie auch einen schnell schmelzenden Hartkäse, z. B. CHEDDAR, EMMENTALER oder GRUYERE. In Scheiben geschnitten reichert so ein Käse winterliche Gemüsesuppen oder einen Blattsalat mit Nährstoffen an. Gerieben schmeckt er in Omeletts oder Rühreiern.

Milch Ob Kuh- oder Sojamilch – ohne Milch ist der Vorrat im Kühlschrank nicht perfekt.

Zitronen Kaufen Sie unbehandelte Zitronen – möglichst aus ökologischem Anbau. Sie sind nicht gewachst oder mit Mitteln zur Verlängerung der Haltbarkeit behandelt. Bewahren Sie Zitronen am besten im Kühlschrank auf. Zitronenspalten sind eine einfache, aber hübsche Garnierung für Hähnchen, Fleisch und Fisch, vor allem, wenn sie gegrillt sind.

FÜR DAS GEFRIERGRÄT

Beeren Sie haben nur eine kurze Saison, lassen sich aber problemlos einfrieren, sodass man preiswerte Saisonangebote nutzen kann. Zum Einfrieren die Beeren nebeneinander auf ein Tablett legen und gefrieren lassen, dann erst in Gefrierbeutel geben. So behalten Sie ihre Form. Beeren lassen sich vielseitig verwenden, z. B. für Süßspeisen, Sorbets, Obstpürees oder Frucht-Saucen (siehe Rezepte Seite 116).

Brot Jedes Brot, ob weiß oder dunkel, lässt sich gut im Gefriergerät lagern. Frieren Sie Brot immer in Portionen ein. Legen Sie zwischen Scheiben ein Stück Pergamentpapier, dann lassen sie sich ganz leicht ablösen. Geben Sie Brot, ohne es aufzutauen, zum Aufwärmen in den Backofen.

Butter Butter portionsweise einfrieren. Bewährt haben sich 125-Gramm-Portionen. Luftdicht verpackt ins Gefriergerät geben.

Ingwer Frieren Sie einen Vorrat an biologisch gezogenem frischem Ingwer in Stücken ein. Beim späteren Schälen und Raspeln muss er nicht vollständig aufgetaut sein.

Spinat Die grünen, gesunden Blätter eignen sich bestens für schnelle Gerichte oder als Beilage. Zum Einfrieren lose in Gefrierbeutel verpacken.

Wurst Frische Bio-Wurst können Sie einfrieren. Wählen Sie die beste Qualität, die Sie finden können.

Suppen für jede Jahreszeit

Toskanische Suppe mit Gemüse und Bohnen

4 PORTIONEN

- 3 EL Olivenöl
- 2 Scheiben durchwachsener Speck zerkleinert, nach Belieben
- 1 mittelgroße Zwiebel, fein gewürfelt
- 2 Stangen Sellerie, gewürfelt
- 1 Möhre, gewürfelt
- 4 Knoblauchzehen, in feinen Scheiben
- ¼ TL fein zerkleinerter frischer Rosmarin oder eine Prise getrockneter Rosmarin
- 1 Kartoffel, gewürfelt
- 300 g gemischtes Gemüse (siehe rechts), grob zerkleinert
- 400 g italienische Tomaten aus der Dose, zerkleinert
- 400 g Bohnen aus der Dose (siehe rechts), abgegossen
- 1,5 l Hühner- oder Gemüsebrühe
- Salz, schwarzer Pfeffer
- Olivenöl zum Beträufeln
- 4 EL frisch geriebener Parmesan zum Servieren

• Das Öl in einem großen Topf erhitzen. Speck (nach Belieben) und Zwiebeln, Sellerie, Möhren, Knoblauch, Rosmarin, Kartoffeln und das gemischte Gemüse zugeben. Bei Mittelhitze unter häufigem Umrühren 10 Minuten garen, bis die Zwiebeln weich sind und das Gemüse zusammenfällt.

• Die Hitze größer stellen. Die Tomaten hinzufügen und unter gelegentlichem Umrühren 10 Minuten garen, bis sie eingedickt sind. Die Bohnen und Brühe zugeben und alles zum Kochen bringen.

• Die Hitze verringern und den Topfdeckel schräg auflegen. Das Ganze 30 Minuten köcheln lassen, bis das Gemüse sehr weich ist. Die Suppe sollte ziemlich dick sein. Ist sie zu dick, mit Wasser verdünnen. Mit Salz und Pfeffer abschmecken. In vorgewärmte Suppentassen füllen. Die Suppe mit Öl beträufeln und mit Parmesan bestreuen. Heiß servieren.

VARIANTE

Provenzalische Suppe mit Gemüse und Bohnen

Die Suppe wie angegeben zubereiten, doch 10 bis 12 Minuten vor Ende der Kochzeit eine Hand voll klein gebrochener Spaghetti hinzufügen. Köcheln lassen, bis die Pasta weich ist. Die Suppe von der Kochstelle nehmen und 4 Esslöffel Pesto einrühren. In vorgewärmte Suppentassen füllen und heiß servieren.

WELCHE GEMÜSESORTEN?

Wählen Sie unter Grünkohl, Wirsing, Mangold, Brokkoli, Chinakohl oder Paksoi.

WELCHE BOHNEN?

Bei der Auswahl der Bohnen für diese herrliche Suppen können Sie nach Belieben vorgehen. Nehmen Sie zum Beispiel Cannellini-, Grüne oder Flageolet-Bohnen.

Wenn Sie einen festen Biss und einen leicht nussigen Geschmack mögen, wählen Sie Borlotti-Bohnen oder andere Hülsenfrüchte wie Kichererbsen.

Kartoffelsuppe mit Knoblauch und Petersilie

• Öl oder Butter in einem großen Topf erhitzen. Kartoffeln, Zwiebeln und Knoblauch hineingeben. Unter gelegentlichem Umrühren 10 Minuten bei Mittelhitze garen, bis die Zwiebeln glasig und weich sind.
• Die Hälfte der gehackten Petersilie und die Gemüsebrühe hinzufügen. Zum Kochen bringen. Die Hitze verringern und den Topfdeckel schräg auflegen. 30 Minuten köcheln lassen, bis die Kartoffeln weich sind. Die restliche Petersilie hinzufügen.
• Für eine cremige Konsistenz die Suppe leicht abkühlen lassen und im Mixer pürieren. Man kann die Suppe auch unpüriert lassen.
• Milch oder Schlagrahm (nach Belieben) einrühren. Wenn nötig, die Suppe mit Wasser verdünnen. Mit Salz und Pfeffer abschmecken. In vorgewärmte Suppentassen geben und heiß servieren.

VARIANTEN

Kartoffelsuppe mit Knoblauch und Porree

Die Petersilie weglassen und die Hälfte der Kartoffeln durch 3 mittelgroße Porreestangen – in feine Ringe geschnitten – ersetzen. Wie angegeben zubereiten.

Kartoffelsuppe mit Knoblauch und Fenchel

Die Petersilie weglassen und die Hälfte der Kartoffeln durch 2 mittelgroße Fenchelknollen – in feine Streifen geschnitten – ersetzen. Wie angegeben zubereiten.

4 PORTIONEN
2 EL Olivenöl oder 30 g Butter
750 g Kartoffeln, geviertelt und in feinen Scheiben
1 Zwiebel, fein gewürfelt
8 Knoblauchzehen, in feine Scheiben geschnitten
2 Hand voll frische Petersilie, zerkleinert
1,5 l Hühner- oder Gemüsebrühe
125 ml Milch oder Schlagrahm, nach Belieben
Salz, schwarzer Pfeffer

KOCHTIPP

Biologisch gezogene Petersilie gibt es nicht das ganze Jahr. Frieren Sie einen Vorrat ein: Zerkleinern und in ein luftdichtes Gefäß geben. Unmittelbar vor Verwendung aus dem Gefriergerät nehmen.

GESUNDHEITSTIPP

Petersilie schmeckt gut, sieht gut aus und tut Ihnen gut! Dieses Superkraut enthält reichlich die Vitamine A und C, ebenso Kalzium, Eisen und Folsäure. Petersilie sollten Sie gegen Ende der Kochzeit zugeben, um ihre intensive grüne Farbe und ihre reichen Nährstoffe zu erhalten.

4 PORTIONEN
- 2 EL Olivenöl oder 30 g Butter
- 1 große Zwiebel, fein gewürfelt
- 4 Knoblauchzehen, zerdrückt
- 2 EL frisch geriebener Ingwer
- 1 TL gemahlener Kreuzkümmel
- 1 TL gemahlener Koriander
- ¼ TL Cayennepfeffer
- 750 g Möhren, grob zerkleinert
- 1 Kartoffel, grob zerkleinert
- 1,5 l Hühner- oder Gemüsebrühe
- 1 TL Honig
- 2 EL Zitronen- oder Orangensaft
- Salz, schwarzer Pfeffer

GESUNDHEITSTIPP
Möhren enthalten reichlich Betakarotin und sind daher gut für Ihre Augen. Außerdem reinigen, alkalisieren und nähren sie viele Körpersysteme und regen sie an. Sie sind leicht verdaulich und liefern eine wohlschmeckende Dosis an Vitaminen und Mineralstoffen.

Marokkanisch gewürzte Möhrensuppe

• Öl oder Butter in einem Topf erhitzen. Zwiebeln, Knoblauch, Ingwer, Kreuzkümmel, Koriander, Cayennepfeffer und Kartoffeln zugeben und bei Mittelhitze unter gelegentlichem Umrühren 10 Minuten garen, bis das Gemüse weich ist.
• Brühe zugießen und zum Kochen bringen. Die Hitze verringern und den Topfdeckel schräg auflegen. 30 Minuten garen, bis die Kartoffeln weich sind.
• Abkühlen lassen und im Mixer pürieren.
• Honig und Saft einrühren. Wenn nötig, mit Wasser verdünnen. Mit Salz und Pfeffer abschmecken. In vorgewärmten Suppentassen heiß servieren.

VARIANTE

Möhren-Pastinaken-Suppe mit Ingwer

Kreuzkümmel, Koriander und Cayennepfeffer weglassen. Die Hälfte der Möhren durch 2 zerkleinerte Pastinaken ersetzen. Wie angegeben zubereiten.

Muntermacher Miso-Tofu-Suppe

4 PORTIONEN
3 EL Miso
1 l Wasser
75 g Tofu, gewürfelt
4 junge Champignons, in feine Scheiben geschnitten
½ Möhre, in feine Stifte geschnitten
2 Frühlingszwiebeln, in feine Ringe geschnitten
Sesamöl zum Beträufeln

• Miso in eine Schüssel geben und mit etwas Wasser zu einer dicken Creme verrühren. Beiseite stellen.
• Das restliche Wasser in einen Topf geben und zum Kochen bringen. Die Hitze verringern. Tofu, Pilze und Möhren hineingeben. 3 Minuten köcheln lassen, bis der Tofu hochsteigt und von der Kochstelle nehmen. Miso einrühren.
• In vorgewärmte Suppentassen geben. Mit Frühlingszwiebeln bestreuen und mit Sesamöl beträufeln. Heiß servieren.

WELCHER MISO?
Es gibt viele Misosorten, die sich in Farbe, Struktur und Salzgehalt unterscheiden. Am häufigsten verwendet werden zwei Arten: Roter Miso, der dick und salzig ist; er wird traditionell in Wintersuppen verwendet. Weißer Miso ist zarter und süßer und man bevorzugt ihn in Sommersuppen.

GESUNDHEITSTIPP
Miso ist eine dickliche Paste aus fermentierten Sojabohnen, die sehr reich an Proteinen ist und gesunde Amino- und Fettsäuren sowie einfache Zucker, die leicht verdaulich sind, enthält. In Japan wird Miso als Göttergabe betrachtet. Miso darf nie gekocht werden, weil sonst die darin enthaltenen Enzyme zerstört werden.

Tomatensuppe mit Paprika und Basilikum

4 PORTIONEN

2 kg reife Tomaten, halbiert
2 rote Paprika, entkernt und geviertelt
2 rote Zwiebeln, geviertelt
1 Hand voll frische Basilikumblätter, grob zerkleinert
4 Knoblauchzehen, zerdrückt
1 EL Balsamico
4 EL Olivenöl
¼ TL zerdrückte Chiliflocken
Salz, schwarzer Pfeffer
frische Basilikumblätter zum Servieren

KOCHTIPP
Gemüsepaprika und Tomaten werden am besten bei Zimmertemperatur aufbewahrt, da Kühlung ihre Struktur und ihr Aroma verdirbt.

GESUNDHEITSTIPP
Früchte oder Gemüse, die kräftig rot oder orangefarben sind, haben meist einen hohen Gehalt an Betakarotin und Vitamin C. Rote Paprika und reife Tomaten bilden da keine Ausnahme.

• Backofen auf 200 °C (Umluft 180 °C, Gas Stufe 3) vorheizen.

• Die Tomaten – mit der Schnittfläche nach oben –, Paprika und Zwiebeln in eine große, stiellose Pfanne geben. Das Gemüse mit Basilikum bestreuen.

• Knoblauch, Essig und Öl verrühren und über das Gemüse träufeln. Mit Chiliflocken, Salz und Pfeffer bestreuen. Im Backofen etwa eine Stunde garen, bis das Gemüse sehr weich ist.

• Leicht abkühlen lassen und im Mixer so pürieren, dass die Suppe noch eine grobe Struktur besitzt. Die Suppe sollte ziemlich dick sein, kann aber nach Belieben mit Wasser verdünnt werden. Mit Salz und Pfeffer abschmecken. In vorgewärmte Suppentassen geben und mit Basilikum bestreuen. Heiß oder mit Zimmertemperatur servieren.

Würzige Linsensuppe mit Blattspinat

• Das Öl in einem großen Topf erhitzen. Zwiebeln, Knoblauch, Sellerie, Kartoffeln und Kreuzkümmel hineingeben und unter häufigem Umrühren bei Mittelhitze 10 Minuten garen, bis die Kartoffeln weich sind.

• Linsen und Brühe hinzufügen und alles zum Kochen bringen. Die Hitze verringern und den Topfdeckel schräg auflegen. 20 bis 30 Minuten köcheln lassen, bis die Linsen weich sind.

• Spinat oder Mangold zufügen und 3 Minuten garen, bis er zusammenfällt, aber noch kräftig grün ist. Mit Zitronensaft, Salz und Pfeffer abschmecken. In vorgewärmte Suppentassen geben und heiß servieren.

VARIANTE

Herzhafte Linsensuppe mit Speck und Rotweinessig

Den gemahlenen Kreuzkümmel weglassen. Stattdessen 4 Scheiben durchwachsenen Speck klein gewürfelt zu den Zwiebeln, dem Knoblauch, dem Sellerie und den Kartoffeln in den Topf geben. Die Suppe wie angegeben zubereiten. Den Zitronensaft durch einen Esslöffel Rotweinessig ersetzen.

4 PORTIONEN

2 EL Olivenöl
1 Zwiebel, fein gewürfelt
4 Knoblauchzehen, zerdrückt
3 Stangen Staudensellerie, gewürfelt
2 mittelgroße Kartoffeln, gewürfelt
1 TL gemahlener Kreuzkümmel
250 g Linsen
1,5 l Hühner- oder Gemüsebrühe
500 g Blattspinat oder Mangold, grob zerkleinert
2 EL Zitronensaft
Salz, schwarzer Pfeffer

GESUNDHEITSTIPP

Linsen sollten zu jeder gesunden und ausgewogenen Ernährung gehören, da sie reich an Proteinen, Ballaststoffen und Eisen sind. Sie sind auch eine hervorragende Quelle für das wertvolle Vitamin B.

Ingwer-Kürbis-Suppe

4 PORTIONEN

- 2 EL Sonnenblumenöl
- 1 kg Winterkürbis mit orangefarbenem Fleisch, geschält, entkernt und zuerst in schmale Spalten, dann in Stücke geschnitten
- 1 Kartoffel, geviertelt und in feine Scheiben geschnitten
- 1 mittelgroße Porreestange, in feine Ringe geschnitten
- 4 Knoblauchzehen, zerdrückt
- 2 EL frisch geriebener Ingwer
- 1,5 l Gemüsebrühe oder Wasser
- Zitronen- oder Limettensaft nach Belieben
- Salz, schwarzer Pfeffer

KOCHTIPP

Suchen Sie nach Kürbissen, die im Verhältnis zur Größe schwer sind, mit dicken, harten Schalen, ohne Beschädigungen. Im Allgemeinen gilt, je härter die Schale desto reifer – und süßer – der Kürbis. Winterkürbisse lassen sich gut lagern, meist werden sie durch einige Wochen Lagerung sogar besser.

GESUNDHEITSTIPP

Ingwer schmeckt aromatisch, wirkt anregend und ist sowohl Gewürz als auch Heilmittel. Man glaubt, dass er den Energiefluss im Körper mobilisiert. Ingwer fördert die Verdauung, lindert Übelkeit, Husten und Erkältungen.

• Öl in einem großen Topf erhitzen. Kürbis, Kartoffeln, Porree, Knoblauch und Ingwer hineingeben und unter gelegentlichem Rühren bei Mittelhitze 10 Minuten garen, bis das Gemüse weich ist.

• Brühe zugießen und zum Kochen bringen. Die Hitze verringern und den Topfdeckel schräg auflegen. Die Suppe 30 Minuten köcheln lassen, bis die Kartoffeln weich sind.

• Mit Zitronen- oder Limettensaft sowie Salz und Pfeffer abschmecken. In vorgewärmte Suppentassen geben und heiß servieren.

VARIANTE

Ingwer-Kürbis-Suppe mit Zitronengras und Kokosnuss

Einen fein zerkleinerten Zitronengrasstängel zum Gemüse geben. Die Suppe wie angegeben zubereiten. Wenn das Gemüse weich ist, 125 ml Kokosmilch aus der Dose einrühren. Erwärmen und weiter wie oben angegeben vorgehen.

WELCHER KÜRBIS?

Moschuskürbis ist am besten für diese Suppe geeignet, aber jeder Kürbis mit tief orangefarbenem Fleisch hat einen ausgezeichneten Geschmack.

Salate als Hauptgericht

Grüner Blattsalat mit Äpfeln, Blauschimmelkäse und Walnüssen

4 PORTIONEN

FÜR DAS DRESSING
2 EL Rotweinessig
4 EL Olivenöl
Salz, schwarzer Pfeffer

FÜR DEN SALAT
60 g Walnusskerne
4 Hand voll Salatblätter von Batavia-, Römer- oder Eisbergsalat, zerpflückt
2 Äpfel, in 2-cm-Würfel geschnitten
1 Gurke, in 2-cm-Würfel geschnitten
125 g Blauschimmelkäse, zerkrümelt

• Für das Dressing Essig und Öl gründlich mischen. Mit Salz und Pfeffer abschmecken.
• Walnüsse ohne Fett in einer Pfanne bei Mittelhitze 5 Minuten rösten, bis sie gebräunt sind. Zwischendurch umrühren. Herausnehmen und abkühlen lassen.
• Salatblätter, Äpfel und Gurken in einer große Schüssel mit dem Dressing mischen. Den Salat auf einer Servierplatte anrichten und mit Walnüssen und Blauschimmelkäse bestreuen. Sofort servieren.

VARIANTE

Bitterer Salat mit Birnen, Blauschimmelkäse & Walnüssen

Den grünen Salat durch die gleiche Menge eines bitter schmeckenden Salates ersetzen, z. B. Frisée, Chicorée, Brunnenkresse oder Rauke. Statt der Äpfel 2 Birnen verwenden.

GESUNDHEITSTIPP
Äpfel sind die Könige der Früchte und große Entgifter. Sie sind reich an Pektin, einem löslichen Ballaststoff, der Gifte aus dem Körper schwemmt. Äpfel enthalten viel Kalium und sind stark alkalisch.

Mozzarella-Tomaten-Avocado-Salat mit Basilikum

4 PORTIONEN
4 reife Tomaten, in Scheiben geschnitten
2 Avocados, halbiert und in Scheiben geschnitten
250 g Mozzarella, in Scheiben geschnitten
Salz, schwarzer Pfeffer
1 EL Zitronensaft
3 EL Olivenöl
1 Hand voll frischer Basilikumblätter

• Tomaten, Avocados und Mozzarella auf einer großen Servierplatte oder einzelnen Tellern in Lagen anrichten. Zwischen die Lagen Salz und Pfeffer streuen.
• Den Salat mit Zitronensaft und Öl beträufeln. Basilikum darüber streuen und sofort servieren.

GESUNDHEITSTIPP
Reife Tomaten, roh verzehrt, sind voller Vitamin C. Sie enthalten auch viel Lycopin, ein Antioxidant, das hilft, Herzkrankheiten und Krebs vorzubeugen.

Gegrilltes Gemüse mit Pesto-Dressing

• Für das Dressing die Pinienkerne ohne Fettzugabe in eine Pfanne geben. Bei Mittelhitze unter häufigem Umrühren 10 Minuten rösten, bis sie goldbraun sind und duften. Sofort aus der Pfanne nehmen und abkühlen lassen. Pinienkerne, Basilikum, Knoblauch und Öl im Mixer zu einer glatten Masse pürieren. Mit Salz und Pfeffer abschmecken.

• Den Grill vorheizen (Backofen oder Gerät).

• Das Gemüse mit Olivenöl bestreichen und mit Salz und Pfeffer bestreuen. Grillen, bis das Gemüse leicht schwärzlich und zart ist, dabei ein- bis zweimal umdrehen.

• Das Gemüse auf einer großen Servierplatte anrichten. Das Pesto-Dressing in einem Schüsselchen servieren oder gleich über das Gemüse geben. Heiß oder mit Zimmertemperatur servieren.

WELCHE GEMÜSE?

Zarte Sommergemüse eignen sich am besten zum Grillen. Wählen Sie nach Belieben zwischen:

Paprika, rot, gelb oder orangefarben, geviertelt
Tomaten, reif, fest und halbiert
Aubergine, in 1 cm dicke Scheiben geschnitten
rote Zwiebeln, in 2 cm dicke Scheiben geschnitten
Zucchini, der Länge nach in 1 cm dicke Scheiben geschnitten
Spargel, holzige Enden abschneiden
Frühlingszwiebeln, ganz
Kürbis, in Spalten

4 PORTIONEN

FÜR DAS DRESSING

2 EL Pinienkerne oder Mandeln
2 Hand voll frische Basilikumblätter oder glatte Petersilie
1 Knoblauchzehe, zerdrückt
6 EL Olivenöl
Salz, schwarzer Pfeffer

1 kg gemischtes Gemüse (siehe links)
Olivenöl
Salz, schwarzer Pfeffer

KOCHTIPP

Sie können das Gemüse bis zu 6 Stunden im Voraus grillen. Dann zudecken und bei Zimmertemperatur lagern. Im Kühlschrank geht das rauchige Aroma verloren.

4 PORTIONEN

FÜR DAS DRESSING

1 TL körniger Dijon-Senf
1 TL Meerrettich-Sauce
1 TL Zucker
2 EL Weißweinessig
4 EL Olivenöl
Salz, schwarzer Pfeffer

FÜR DEN SALAT

1 Bund Brunnenkresse
2 Chicorée, in Einzelblätter zerteilt
½ rote Zwiebel, in feine Scheiben geschnitten
175 g Räucherlachs
schwarzer Pfeffer

GESUNDHEITSTIPP

Wie andere dunkelgrüne Blattgemüse enthält auch die Brunnenkresse viele krebsvorbeugende Antioxidantien.

Brunnenkresse-Chicorée-Salat mit Räucherlachs

• Senf, Meerrettich, Zucker, Essig und Öl verrühren, bis das Dressing dick und glatt ist. Mit Salz und Pfeffer abschmecken.

• Brunnenkresse, Chicorée und Zwiebeln in eine große Schüssel geben. Das Dressing zugießen und alles gründlich mischen. Auf einer Servierplatte oder auf Tellern anrichten. Die Lachsscheiben auf den Salat legen und das Ganze mit etwas Pfeffer bestreuen. Sofort servieren.

VARIANTE

Brunnenkresse-Chicorée-Salat mit geräucherter Forelle

Den Räucherlachs durch 2 geräucherte Forellenfilets ersetzen. Die Filets in Stücke schneiden. Den Salat wie oben beschrieben zubereiten.

Französischer Linsen-Spinat-Salat

• Linsen in einen Topf mit kaltem Wasser geben und zum Kochen bringen. Die Hitze verringern und 20 bis 30 Minuten köcheln lassen, bis sie weich sind.
• Linsen abgießen und mit Knoblauch, Senf, Essig, Öl und Zwiebeln in eine große Schüssel geben. Alles gut verrühren. Mit Salz und Pfeffer abschmecken.
• Vor dem Servieren Petersilie und Spinat unterheben. Warm oder mit Zimmertemperatur servieren.

VARIANTE

Französischer Linsensalat mit bitteren Blättern

Statt Spinat 2 Stauden Chicorée in Einzelblättern oder einen Radicchio oder 4 Hand voll Frisée, beides zerpflückt, nehmen. Zubereitung wie beschrieben.

4 PORTIONEN

250 g Linsen
2 Knoblauchzehen, zerdrückt
1 TL glatter Dijon-Senf
2 EL Rotweinessig
4 EL Olivenöl
1 kleine rote Zwiebel, in feine Ringe geschnitten
Salz, schwarzer Pfeffer
2 EL frische Petersilie, fein zerkleinert
4 Hand voll junger Blattspinat

KOCHTIPP

Sie können Linsen einen Tag im Voraus kochen. Das volle Aroma haben sie aber nur, wenn sie beim Anmachen noch heiß sind. Zugedeckt abkühlen lassen, vor dem Servieren auf Zimmertemperatur erwärmen.

Speck-Avocado-Ziegenkäse-Salat mit Dijon-Dressing

• Den Ofen auf 180 °C (Umluft 160 °C, Gas Stufe 2) vorheizen.
• Für das Dressing Senf, Essig und Olivenöl zu einer dicken, glatten Masse verrühren. Mit Salz und Pfeffer abschmecken.
• Den Speck auf ein Backblech mit Alufolie geben. 10 bis 15 Minuten backen, bis er knusprig und goldbraun ist. Sofort herausnehmen und auf Küchenpapier abtropfen lassen. Die Speckscheiben mit einer Küchenschere – quer zur Faser – in 2 cm breite Stücke schneiden.
• Speck, Spinat und Avocados in eine große Schüssel geben. Das Dressing zugießen und alles gründlich mischen. In einer Servierschüssel oder auf Tellern anrichten. Den Ziegenkäse obenauf geben und sofort servieren.

4 PORTIONEN

FÜR DAS DRESSING
2 EL glatter Dijon-Senf
2 EL Balsamico
4 El Olivenöl
Salz, schwarzer Pfeffer

FÜR DEN SALAT
12 Scheiben durchwachsener Speck
4 Hand voll junger Blattspinat
2 Avocados, geviertelt und in Scheiben geschnitten
125 g Ziegenkäse, gewürfelt

KOCHTIPP

Sie können das Rezept auch mit grünen knackigen Salaten statt mit jungem Spinat zubereiten. Zerpflücken Sie Salate in mundgerechte Stücke.

GESUNDHEITSTIPP

Avocados sind leicht verdaulich, mit ausgewogenem pH-Wert. Sie stecken voller Mineralstoffe, die sehr nützlich für die Regulierung der Körperfunktionen sind.

Paprika-Artischocken-Salat mit Feta, Tomaten und Rauke

4 PORTIONEN
2 rote Paprika
1 kleine rote Zwiebel, in feine Ringe geschnitten
300 g Artischockenherzen in Öl aus der Dose, abgegossen und geviertelt
4 Tomaten, geachtelt und entkernt
125 g Feta-Käse, gewürfelt
1 EL Kapern, abgegossen und abgespült
4 Hand voll Rauke
1 EL brauner Reisessig
3 EL Olivenöl
Salz, schwarzer Pfeffer

KOCHTIPPS
Sie können die Paprika bis zu drei Tage im Voraus rösten und enthäuten. Zugedeckt im Kühlschrank aufbewahren, vor dem Servieren auf Zimmertemperatur erwärmen. Pfefferige Rauke schmeckt wohl am besten, doch Sie können auch andere Salatblätter verwenden – die Blätter in mundgerechte Stücke zerpflücken. Oder versuchen Sie doch mal frische glatte Petersilie oder Brunnenkresse.
Sie können den Salat am Vortag vorbereiten, dann zieht er schön durch. Alle Zutaten mischen – bis auf die Rauke oder andere frische Salatblätter, diese geben Sie erst unmittelbar vor dem Servieren zu.

• Die Paprika unter mehrfachem Wenden 15 Minuten grillen, bis sie auf allen Seiten angekohlt und runzelig sind. In einen Beutel geben (oder in eine Schüssel, die mit einem Teller zugedeckt wird) und abkühlen lassen. Durch den Dampf, den die Paprika abgeben, löst sich die Haut.
• Von der abgekühlten Paprika die verkohlte Haut abziehen und alle dunklen Reste abkratzen. Die Paprika vierteln und die Trennwände entfernen. Die Samen herauskratzen und wegwerfen. Die Viertel in 2,5-cm-Stücke schneiden.
• Paprika, Zwiebeln, Artischockenherzen, Tomaten, Feta, Kapern, Rauke, Essig und Öl in eine große Schüssel geben und alles gründlich mischen. Mit Salz und Pfeffer abschmecken. Sofort servieren.

VARIANTE
2 Esslöffel schwarze Oliven als weitere Zutat zum Salat geben.

Pizza, Focaccia & Bruschetta

Teig mit Olivenöl

• Mehl und Salz in eine große Schüssel geben. In die Mitte eine Vertiefung drücken und Wasser hineingeben. Hefe darüber streuen. 5 Minuten ruhen lassen, bis die Hefe weich ist. Umrühren, um die Hefe aufzulösen.
• Mehl von den Seiten her einrühren, bis ein klebriger Teig entsteht. Diesen auf der leicht mit Mehl bestreuten Arbeitsfläche zu einem glatten, weichen Teig verkneten. Nicht zu viel Mehl zugeben, weil der Teig beim Kneten fester wird.
• Den Teig in eine geölte Schüssel geben und zudecken. Etwa 1,5 Stunden gehen lassen, bis er sein Volumen verdoppelt hat. Mit der flachen Hand die Luft aus dem Teig herausdrücken. Der Teig kann für Pizzaböden (siehe unten) oder Focaccia (s. S. 53) verwendet werden.

FÜR 4 PIZZAS ODER 1 FOCACCIA

400 g Weizenmehl, Type 1050
1 TL Salz
250 ml lauwarmes Wasser
1 TL Trockenhefe
1½ EL Olivenöl

KOCHTIPP

Der Teig ist ziemlich klebrig, aber arbeiten Sie trotzdem beim Kneten nicht zu viel zusätzliches Mehl ein. Aus feuchtem Teig wird beim Backen ein leichter Pizzaboden mit knusprigem Rand und lockerer Krume.

Pizzaböden

• Den Teig in 4 gleich große Stücke teilen. Aus jedem Stück eine Kugel formen, mit einem Tuch bedecken und 10 Minuten beiseite stellen. So kann der Teig ruhen und ist dann leichter auszurollen. Die Teigkugeln können vor dem Ausrollen, Belegen und Backen bis zu einer Stunden ruhen.
• Eine Teigkugel auf die mit Mehl bestäubte Arbeitsfläche geben und mit dem Nudelholz rund ausrollen, bis der Teig einen Durchmesser von 30 cm hat und 5 mm dick ist. Teig beim Ausrollen mehrmals wenden, damit er nicht anklebt oder schrumpft. Wenn der Teig sich nicht weiter ziehen lässt, noch einmal 3 Minuten ruhen lassen. Der Boden muss nicht perfekt rund sein.
• Ein Backblech mit Maisschrot bestäuben. Einen fertig geformten Pizzaboden auf das Backblech geben und vor dem Backen belegen (s. S. 49 und S. 50).

4 PIZZABÖDEN mit jeweils 30 cm Durchmesser

1 x Teig mit den Zutaten des Grundrezepts zubereitet (siehe oben)
Mehl und Maisschrot zum Bestäuben

Pizza mit Spinat, Käse und Pinienkernen

• Pizzastein oder Backblech für 30 Minuten in den auf höchster Stufe vorgewärmten Backofen geben.
• Für die Tomatensauce die Tomaten und den Saft aus der Dose in einen Mixer geben und zu einer glatten Masse pürieren.
• Frischen Spinat gut abspülen. Die Blätter nicht trocknen und in eine große Pfanne geben. Bei großer Hitze unter häufigem Umrühren 3 bis 5 Minuten garen, bis der Spinat zusammenfällt und hellgrün ist. Abgießen und mit kaltem Wasser abschrecken. Überschüssiges Wasser aus dem Spinat drücken.
• Eine Pizza formen und auf ein bestäubtes Backblech geben (Grundrezept s. S. 47). Den Pizzaboden gleichmäßig mit Tomatensauce bestreichen. Eine gleichmäßige Schicht Spinat darauf legen. Mit Blauschimmelkäse, Pinienkernen, Salz und Pfeffer bestreuen. Zum Schluss etwas Öl darauf träufeln.
• Die Pizza vom Backblech auf den Pizzastein oder auf das vorgewärmte Backblech gleiten lassen (siehe Kochtipp rechts). 5 bis 10 Minuten backen, bis der Rand knusprig und goldbraun ist. Sofort servieren.
• Mit dem restlichen Belag und den Pizzaböden genauso verfahren.

4 PIZZAS

FÜR DIE PIZZA

1 Grundrezept-Teig (s. S. 47)
Maisschrot zum Bestäuben

FÜR DIE TOMATENSAUCE

400 g ganze italienische Pflaumentomaten aus der Dose

FÜR DEN BELAG

750 g frischen Blattspinat oder 300 g tiefgefrorenen Blattspinat, aufgetaut und ausgedrückt
200 g Blauschimmelkäse, am besten Gorgonzola, zerkrümelt
4 EL Pinienkerne
Salz, schwarzer Pfeffer
2 EL Olivenöl

KOCHTIPP

Verwenden Sie zum Backen der Pizza einen vorgewärmten Pizzastein oder ein vorgewärmtes Backblech. Der Stein liefert die beste starke Hitze, um den Pizzarand schnell und gleichmäßig zu backen. Bestreuen Sie das Backblech, auf dem Sie die Pizza belegen, mit genügend Maisschrot, damit die Pizza sich leicht auf den Pizzastein oder das vorgewärmte Blech befördern lässt. Schütteln Sie das Blech ruckartig hin und her, um die Pizza zu lockern und sie herabgleiten zu lassen.

Pizza mit Auberginen und Basilikum

4 PIZZAS

1 mittelgroße Aubergine, in 5 mm dicke Scheiben geschnitten
2 EL Olivenöl
2 Knoblauchzehen, zerdrückt
1 Grundrezept-Teig (s. S. 47)
½ mittelgroße rote Zwiebel, in feine Ringe geschnitten
125 g Mozzarella, in dünne Scheiben geschnitten
2 reife Tomaten, in 5 mm dicke Scheiben geschnitten
Salz, schwarzer Pfeffer
1 Hand voll frische Basilikumblätter, grob zerkleinert
Olivenöl zum Einfetten des Blechs und zum Beträufeln

KOCHTIPP

Backen Sie die Pizzas nacheinander. Wenn die erste Pizza im Ofen ist, belegen Sie die zweite. Ist dann die erste fertig ist, liegt die zweite zum Backen bereit. Ist die erste gegessen, dürfte gerade die zweite fertig sein. Pizza isst man am besten, wenn sie gerade aus dem Ofen kommt, weil dann der Rand, der weich wird, wenn er abkühlt, am knusprigsten ist.

- Pizzastein oder Backblech für 30 Minuten in den auf höchster Stufe vorgewärmten Backofen geben.
- Eine Gusseisenpfanne mit Rillen oder einen Grill vorheizen. Die Auberginenscheiben auf beiden Seiten mit Olivenöl bestreichen. Auf jeder Seite 5 Minuten grillen, bis sie leicht schwarz und zart sind.
- Knoblauch und Öl mischen.
- Eine Pizza formen und auf ein bestäubtes Backblech geben (s. S. 47). Einen Pizzaboden mit dem Knoblauchöl bestreichen.
- Rote Zwiebeln, Mozzarella, Auberginen und Tomaten gleichmäßig und zum Teil in Schichten auf dem Pizzaboden verteilen. Mit Salz und Pfeffer bestreuen. Zum Schluss mit etwas Öl beträufeln.
- Die Pizza vom Blech auf den vorgewärmten Pizzastein oder auf das vorgewärmte Backblech gleiten lassen und 5 bis 10 Minuten backen, bis der Rand knusprig und goldbraun ist. Sofort servieren.
- Mit dem restlichen Belag und den Pizzaböden genauso verfahren.

VARIANTE

Pizza mit Roten Paprika und Oregano

Auberginen, Tomaten und Basilikum durch 2 rote Paprika – in feine Streifen geschnitten – ersetzen. Paprikastreifen, Zwiebelringe, zerdrückten Knoblauch, 2 Esslöffel Öl und Salz und Pfeffer nach Belieben mischen. Eine Schicht Mozzarella auf einen Pizzaboden geben. Die Paprikamischung gleichmäßig auf dem Mozzarella verteilen. Mit einer Prise gerebeltem Oregano und Chili bestreuen. Backen wie oben angegeben. Mit Basilikum garniert sofort servieren. Mit dem restlichen Belag und den Pizzaböden genauso verfahren.

Olivenöl-**Focaccia**

1 FOCACCIA
1 Grundrezept-Teig (s. S. 47)
1 TL grobes Salz
2 EL Olivenöl zum Einfetten des Blechs und zum Beträufeln des Teigs

WICHTIGES ZUBEHÖR
Backblech (33 x 23 cm)

KOCHTIPP
Sie können die Focaccia bis zu einem Tag im Voraus backen. Die Focaccia völlig abkühlen lassen, bevor Sie sie in einer nicht vollständig verschlossenen Plastiktüte bei Zimmertemperatur aufbewahren. Backofen auf 150 °C (Umluft 130 °C, Gas Stufe 1) vorheizen und die Focaccia vor dem Servieren 15 Minuten darin aufwärmen.

• Den Teig auf ein eingeöltes Backblech drücken (siehe Foto unten). Mit den Fingerspitzen über den ganzen Teig verteilt kleine Mulden von 1 cm Tiefe formen (siehe Foto unten rechts). Den Teig mit einem Tuch bedecken und 45 Minuten gehen lassen, bis er seine Höhe etwa verdoppelt hat.
• Den Backofen auf 200 °C (Umluft 180 °C, Gas Stufe 3) vorheizen.
• Den Teig mit Salz bestreuen und backen, bis er goldbraun ist und beim Daraufklopfen hohl klingt. Den Teig mit Öl beträufeln und auf einem Kuchengitter auskühlen lassen.

VARIANTEN

Rosmarin-Focaccia

Teig nach dem Rezept auf Seite 47 zubereiten und 2 Teelöffel zerkleinerten frischen oder 1 Teelöffel getrockneten Rosmarin zu Mehl und Salz geben. Fortfahren wie angegeben. Vor dem Backen mit frischem Rosmarin garnieren.

Oliven-Focaccia

Den Teig nach dem Rezept auf Seite 47 zubereiten und 150 g entsteinte schwarze oder grüne Oliven unter den Teig kneten. Fortfahren wie angegeben.

Zwiebel-Focaccia

Eine halbe Zwiebel in sehr feine Ringe schneiden. Den ausgerollten Boden mit Zwiebelscheiben belegen. Fortfahren wie angegeben.

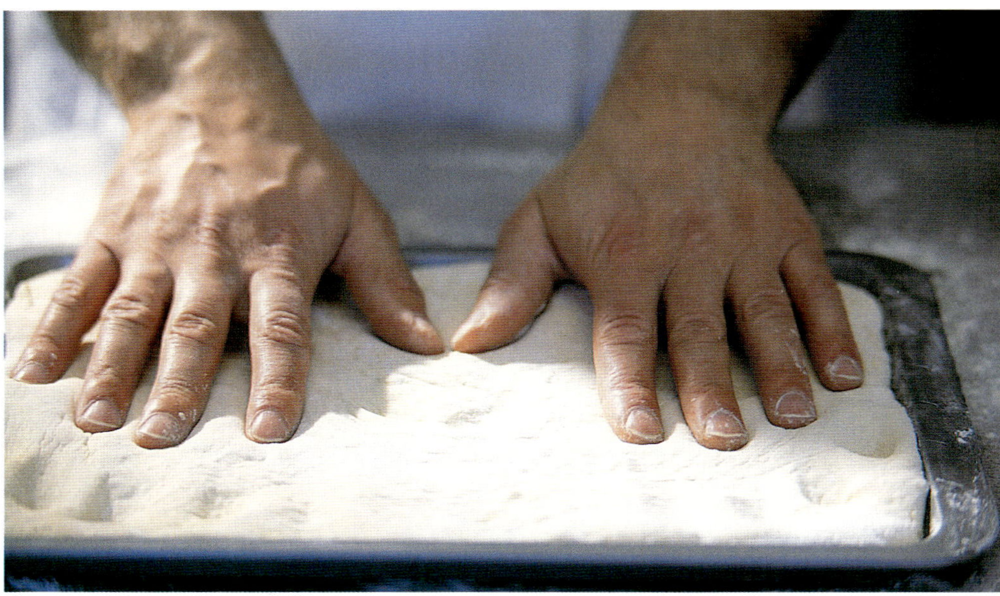

Bruschetta mit Olivenöl und Paprika-Mandel-Pesto

4 PORTIONEN

FÜR DAS PESTO

2 große rote Paprika
50 g Mandeln
2 Knoblauchzehen
¼ TL zerstoßene getrocknete Chilischoten
½ TL Balsamico
4 EL Olivenöl
Salz, schwarzer Pfeffer

FÜR DIE BRUSCHETTA

4 Scheiben Brot vom Vortag, in 1 cm dicke Scheiben geschnitten
1 Knoblauchzehe, halbiert
Olivenöl

KOCHTIPP

Sie können das Pesto bis zu drei Tage im Voraus zubereiten. Zugedeckt im Kühlschrank aufbewahren. Vor dem Servieren auf Zimmertemperatur erwärmen.

• Paprika unter mehrfachem Wenden 10 bis 15 Minuten grillen, bis sie auf allen Seiten leicht schwarz und runzelig sind. In einen Gefrierbeutel geben (oder in eine Schüssel, die mit einem Teller zugedeckt wird) und abkühlen lassen. Der Dampf, den die Paprika beim Abkühlen abgeben, löst die Haut.

• Von den abgekühlten Paprika die geschwärzte Haut abziehen und alle dunklen Reste abkratzen. Die Paprika vierteln und die Trennwände entfernen. Samen herauskratzen und wegwerfen.

• Die Mandeln ohne Fettzugabe in einer Pfanne bei Mittelhitze unter häufigem Umrühren 10 Minuten rösten, bis sie goldbraun sind und duften. Sofort aus der Pfanne nehmen. Paprika, Mandeln, Knoblauch, Chili, Essig und Öl in den Mixer geben und zu einer glatten Masse pürieren. Mit Salz und Pfeffer abschmecken.

• Das Brot in einer vorgewärmten Gusseisenpfanne mit Rillen 2 Minuten auf jeder Seite rösten, bis es knusprig und gestreift ist. Oder grillen. Eine Seite jeder Scheibe mit Knoblauch einreiben und mit Olivenöl beträufeln.

• Paprika- und Mandel-Pesto auf das Bruschetta-Brot streichen. Mit Zimmertemperatur servieren.

4 PORTIONEN

FÜR DIE BRUSCHETTA

- 4 Scheiben Brot vom Vortag, in 1 cm dicke Scheiben geschnitten
- 1 Knoblauchzehe, halbiert
- Olivenöl

WEITERE BELAG-VARIANTEN FÜR BRUSCHETTA

Für alle Varianten die Bruschetta gemäß Rezept auf Seite 54 zubereiten.

Bruschetta mit Avocado-Ziegenkäse

Das Avocado-Jogurt-Dressing (s. S. 108) zubereiten, dabei aber das Jogurt durch 125 g frischen cremigen Ziegenkäse ersetzen. Den Avocado-Ziegenkäse auf die Bruschetta streichen. Mit Zimmertemperatur servieren.

Bruschetta mit gerösteten Kirschtomaten

Kirschtomaten-Sauce gemäß Grundrezept (s. S. 69) zubereiten. Die Tomaten-Sauce auf die Bruschetta streichen. Mit Zimmertemperatur servieren.

Bruschetta mit marinierten Weißen Bohnen

Marinierte Bohnen mit Olivenöl, Zitrone und Chili gemäß Grundrezept (s. S. 101) zubereiten. Die Bohnen zu einem groben Püree zerdrücken und damit die Bruschetta bestreichen. Mit Zimmertemperatur servieren.

Bruschetta mit gebratenen Pilzen

Gebratene Pilze (s. S. 60) gemäß Grundrezept zubereiten. Die Pilze auf der Bruschetta verteilen und sofort servieren.

Leckere Hauptgerichte

Polenta

4 PORTIONEN
FÜR DIE POLENTA
850 ml Wasser
175 g Polenta oder Maisschrot
1 TL Salz
½ TL schwarzer Pfeffer

KOCHTIPP
Sie können die Polenta bis zu drei Tage im Voraus zubereiten. In Frischhaltefolie einschlagen und in den Kühlschrank stellen.

• In einem Topf das Wasser zum Kochen bringen. Bei Mittelhitze die Polenta unter ständigem Rühren langsam einlaufen lassen. Salz zugeben und den Herd auf kleine Hitze stellen. Unter stetem Rühren 15 Minuten garen, bis die Masse sehr dick ist und sich von der Topfwand löst.
• Pfeffer und eventuell Gewürze (siehe unten) einrühren. Die heiße Polenta auf ein geöltes Backblech geben und in eine runde Form mit etwa 30 cm Durchmesser und 1 cm Dicke bringen. Abkühlen lassen, bis sie fest ist.

POLENTA-GEWÜRZE
Man kann allein oder gemischt einrühren: 2 zerdrückte Knoblauchzehen, 4 EL frisch geriebenen Parmesankäse, 2 EL frische gehackte Kräuter (Petersilie, Basilikum, Thymian, Rosmarin).

Knusprige Polenta mit gebratenen Pilzen

4 PORTIONEN
FÜR DIE PILZE
2 EL Olivenöl
2 Schalotten
1 Knoblauchzehe, zerkleinert
500 g Pilze, Maronenröhrlinge, Shiitake, Austernpilze oder eine Mischung daraus
125 ml Crème fraîche oder Schlagrahm

1 Polenta (s. oben)
30 g Butter

• Den Grill vorheizen.
• Öl in einer Pfanne erhitzen. Schalotten, Knoblauch und Pilze hineingeben. Unter Rühren bei starker Hitze 5 Minuten braten, bis die Pilze beginnen, knusprig zu werden. Crème fraîche zugeben und 2 Minuten eindicken lassen.
• Polenta achteln. Butter darauf geben. Polenta 5 bis 10 Minuten grillen, bis sie knusprig und goldbraun ist. Sofort mit den heißen Pilzen servieren.

Knusprige Polenta mit Käse und Butter

4 PORTIONEN
1 Polenta (s. oben)
30 g Butter
4 EL frisch geriebenen Parmesankäse
200 g Blauschimmelkäse, am besten Gorgonzola, zerkrümelt

• Den Grill vorheizen.
• Die Polenta achteln. Butter darauf geben und mit Parmesan-Käse bestreuen. Im vorgeheizten Grill 5 bis 10 Minuten grillen, bis die Polenta knusprig und goldbraun ist. Mit Blauschimmelkäse bestreuen und sofort servieren.

Geröstetes Hähnchen mit Kräuter-Ziegenkäse

4 PORTIONEN

125 g frischen cremigen Ziegenkäse
2 EL fein gehackte frische Kräuter (s. rechts)
1 Knoblauchzehe, zerdrückt
Salz, schwarzer Pfeffer
4 Hähnchenbrüste ohne Knochen (mit Haut)
2 EL Olivenöl

KOCHTIPP

Sie können die Hähnchenbrüste bis zu einem Tag im Voraus zubereiten. In Frischhaltefolie gewickelt im Kühlschrank aufbewahren. Wenn möglich, vor dem Garen 20 Minuten bei Zimmertemperatur stehen lassen.

- Den Backofen auf 200 °C (Umluft 180 °C, Gas Stufe 3) vorheizen.
- Ziegenkäse, Kräuter und Knoblauch gründlich mischen. Mit Salz und Pfeffer abschmecken.
- Hähnchenbrust in der Mitte waagerecht fast ganz durchschneiden. Aufklappen und ein Viertel der Kräutermischung darauf streichen. Die Hälften zusammenklappen und am Rand mit einem Bambusstäbchen oder Zahnstocher verschließen. Mit den restlichen Hähnchenbrüsten und der Kräutermischung genauso verfahren.
- Das Öl in einer Pfanne, die auch in den Backofen gestellt werden kann, erhitzen. Die Hähnchenbrüste mit der Haut nach unten hineingeben und bei mittlerer Hitze 5 Minuten garen, bis sie hell goldbraun sind. Die Hähnchenbrüste umdrehen und mit Salz und Pfeffer bestreuen.
- Die Pfanne in den vorgeheizten Backofen stellen und die Hähnchenbrüste etwa 10 Minuten garen, bis sie durch sind. Heiß auf vorgewärmten Tellern servieren.

Dazu passen Petersilien-Kartoffelpüree (s. S. 94) und geröstete Tomaten (s. S. 100).

WELCHE KRÄUTER?

Verwenden Sie Kräuter der Saison. Wählen Sie eines oder eine Kombination der folgenden Kräuter: Petersilie, Basilikum, Schnittlauch, Thymian, Frühlingszwiebeln, Oregano, Estragon, Brunnenkresse oder Rauke.

Quiche mit Porree

4–6 PORTIONEN

FÜR DIE FÜLLUNG

60 g Butter

4 große Porreestangen, in feine Ringe geschnitten

2 Eier, verschlagen

250 ml Crème fraîche oder Schlagrahm

1 TL Salz

½ TL schwarzer Pfeffer

¼ TL geriebene Muskatnuss

1 Pastetenboden (25 cm Durchmesser), vorgebacken (s. Grundrezept S. 66)

- Den Backofen auf 180 °C (Umluft 160 °C, Gas Stufe 2) vorheizen.
- Ein Backblech zum Vorwärmen in den Ofen geben.
- Die Butter bei geringer Hitze in einer großen Pfanne zerlassen. Porree hineingeben und 20 bis 30 Minuten unter häufigem Umrühren garen, bis er sehr weich und zusammengefallen ist. Leicht abkühlen lassen.
- Eier, Crème fraîche oder Schlagrahm, Salz, Pfeffer und Muskat schlagen, bis alles gut vermischt ist. Den abgekühlten Porree unter die Eiermischung heben. Die Mischung auf dem vorgebackenen Pastetenboden verteilen.
- Die Quiche auf das vorgewärmte Blech in den Backofen geben und etwa 30 Minuten backen, bis sie goldbraun und gestockt ist. Vor dem Servieren 10 Minuten auf einem Kuchengitter abkühlen lassen. In Stücke schneiden und heiß, warm oder mit Zimmertemperatur servieren.

VARIANTEN

Zwiebel-Quiche

Statt des Porrees 4 große oder 6 mittelgroße Zwiebeln – in feine Ringe geschnitten – nehmen. Garen wie den Lauch. Zur Eiermischung geben und weiter so verfahren, wie oben beschrieben.

Spinat- oder Brokkoli-Quiche

Den Porree durch 1 kg Spinat ersetzen. Den gewaschenen Spinat noch feucht in einen großen Topf mit Wasser geben und bei großer Hitze unter ständigem Rühren 3 bis 6 Minuten garen, bis er zusammengefallen und hellgrün ist. Abgießen, mit kaltem Wasser abschrecken und überschüssiges Wasser herausdrücken. Grob zerkleinert zur Eiermischung geben. 125 g geriebenen Käse (Parmesan, Emmentaler oder Cheddar) zugeben und weiter so verfahren wie oben beschrieben. Statt des Spinats können Sie auch 500 g Brokkoli – fein zerkleinert und weich gekocht – nehmen und so wie hier beschrieben vorgehen.

Pilz-Quiche

Statt Porree 500 g frische, in feine Scheiben geschnittene Pilze nehmen und dazu eine klein gewürfelte Zwiebel. 2 Esslöffel Olivenöl in einer Pfanne erhitzen. Pilze und Zwiebeln zugeben und bei großer Hitze unter ständigem Rühren etwa 5 Minuten braten, bis sie beginnen knusprig zu werden. Aus der Pfanne nehmen und abkühlen lassen. Die Pilze in die Eiermischung geben und weiter so verfahren, wie oben beschrieben.

GESUNDHEITSTIPP

Kalorienbewusste ersetzen Crème fraîche oder Schlagrahm durch Milch oder Saure Sahne. Wenn Sie statt Schlagrahm oder Crème fraîche Mascarpone nehmen, wird die Quiche weicher.

Pasteten- und Quicheteig

1 PASTETEN- UND QUICHEBODEN mit 25 cm Durchmesser

175 g Mehl
¼ TL Salz
90 g gekühlte Butter, in Würfeln
1 Eigelb
2 EL kaltes Wasser

WICHTIGES ZUBEHÖR

1 Pastetenform mit einem Durchmesser von 25 cm und einem abnehmbaren Boden
Trockene Hülsenfrüchte zum Blindbacken, z. B. Erbsen, Bohnen oder Kichererbsen.

KOCHTIPP

Sie können den Pastetenteig bis zu zwei Tage im Voraus zubereiten. In Frischhaltefolie im Kühlschrank aufbewahren. Vor dem Ausrollen unbedingt auf Zimmertemperatur erwärmen. Man kann auch den Teig schon in die Form geben und einen Tag im Kühlschrank oder Gefriergerät aufbewahren.

• Mehl, Salz und Butter in der Küchenmaschine rühren, bis die Mischung krümelig aussieht. Das Eigelb hinzugeben und gut unterrühren. Nach Bedarf teelöffelweise Wasser zugeben. Den Teig auf der nur leicht mit Mehl bestäubten Arbeitsfläche kurz kneten, bis eine glatte Kugel entstanden ist.

• Oder den Teig von Hand rühren. Mehl, Salz und Butter in eine Schüssel geben. Die Butter mit zwei Messern unter die trockenen Zutaten schneiden (siehe Foto unten), bis eine krümelige Mischung entsteht. Eigelb zugeben und gut unterrühren. Nach Bedarf teelöffelweise Wasser zugeben. Den Teig auf der nur leicht mit Mehl bestäubten Arbeitsfläche kurz kneten, bis eine glatte Kugel entstanden ist.

• Auf der nur leicht mit Mehl bestäubten Arbeitsfläche den Teig 3 mm dick ausrollen. Zum Auslegen der Form den Teig lose um das Nudelholz rollen, dann hochheben und vorsichtig über der Form wieder abrollen. Den Teig am Boden und an den Seiten der Form leicht andrücken. Risse mit Teigstücken flicken. Den Teigrand so beschneiden, dass er den Rand der Form nicht überragt. Mindestens 15 Minuten kühlen, damit der Teig ruht.

• Den Backofen auf 200 °C (Umluft 180 °C, Gas Stufe 3) vorheizen.

• Zum Blindbacken den Teig mit Backpapier und Hülsenfrüchten bedecken. 10 Minuten backen, bis der Teig fest ist. Das Papier und die Hülsenfrüchte entfernen. Weitere 10 Minuten backen, bis der Teig knusprig goldbraun ist. Der Boden kann sofort gefüllt oder auf einem Kuchengitter ausgekühlt werden.

Spaghetti mit gerösteten Kirschtomaten

• Den Backofen auf 200 °C (Umluft 180 °C, Gas Stufe 3) vorheizen.
• In einer Pfanne Kirschtomaten, Knoblauch, Chili, Öl und Essig mischen. Mit Salz und Pfeffer würzen. Alles gründlich verrühren und im vorgeheizten Backofen 20 Minuten garen, bis alles weich ist.
• Inzwischen die Spaghetti in reichlich Salzwasser bissfest kochen. Abgießen und gut abtropfen lassen. Die Pasta zurück in den noch warmen Topf geben und mit der Tomatenmischung und eventuell dem Basilikum gut verrühren. Heiß auf vorgewärmten Tellern servieren.

VARIANTE

Spaghetti mit Kirschtomaten und Ziegenkäse

125 g zerkrümelten cremigen Ziegenkäse unter das obige Gericht mischen.

4 PORTIONEN

500 g Kirschtomaten
1 Knoblauchzehe, zerdrückt
¼ TL gerebelter Chili
4 EL Olivenöl
1 EL Balsamico
Salz, schwarzer Pfeffer
500 g Spaghetti
1 Hand voll frische Basilikumblätter, nach Belieben

KOCHTIPP

Statt Kirschtomaten können Sie 8 frische, reife Tomaten – in große Stücke geschnitten – nehmen.

GESUNDHEITSTIPP

Pasta ist ein fantastischer Energielieferant. Die langsame Verwertung der Kohlenhydrate gibt für Stunden Energie.

Langsam gegarte Tomaten-Knoblauch-Sauce

• Tomaten, Knoblauch und Öl in eine tiefe Pfanne geben und bei Mittelhitze zum Kochen bringen. Die Hitze verringern und die Tomaten unter gelegentlichem Rühren 30 Minuten köcheln lassen, bis die Sauce eindickt. Mit Salz und Pfeffer abschmecken.
• Die Pasta in reichlich Salzwasser bissfest kochen. Abgießen, abtropfen lassen und in die heiße Sauce geben. Alles gründlich mischen. Mit Parmesankäse bestreuen und auf vorgewärmten Tellern heiß servieren.

VARIANTE

Langsam gekochte Tomaten-Sauce mit geschmolzenem Mozzarella

125 g Mozzarella – klein gewürfelt – zur Pasta und zur Sauce geben und schmelzen lassen.

4 PORTIONEN

800 g italienische Pflaumentomaten aus der Dose, zerkleinert
6 Knoblauchzehen, zerdrückt
6 EL Olivenöl
Salz, schwarzer Pfeffer
500 g Penne (Pasta)
frisch geriebener Parmesankäse

KOCHTIPP

Sie können die Sauce bis zu drei Tagen im Voraus zubereiten. Zugedeckt in den Kühlschrank stellen.

GESUNDHEITSTIPP

Tomaten sind eine ausgezeichnete Quelle für Lycopin, ein Antioxidant, das manchen Krebsarten vorbeugen soll. Neue Studien haben gezeigt, dass Tomaten aus der Dose sogar noch mehr Lycopin enthalten als frische Tomaten.

Koriander-Lamm mit Kichererbsen-Sauce

4–6 PORTIONEN
1½ TL Korianderpulver
½ TL Kreuzkümmelpulver
¼ TL Pimentpulver
¼ TL Zimtpulver
1 Zwiebel, gewürfelt
4 Knoblauchzehen, gewürfelt
1 reife Tomate
2 EL Zitronensaft
2 EL Olivenöl
1 Lammkeule von etwa 2 kg
2 TL Salz
1 TL schwarzer Pfeffer

FÜR DIE KICHERERBSEN-SAUCE
400 g Kichererbsen aus der Dose, abgegossen
2 Knoblauchzehen, zerdrückt
½ TL Kreuzkümmelpulver
¼ TL Tabasco
2 EL Zitronensaft
5 EL Tahini
5 EL Wasser
125 ml griechisches Jogurt
Salz, schwarzer Pfeffer

- Koriander, Kreuzkümmel, Piment, Zimt, Zwiebeln, Knoblauch, Tomate, Zitronensaft und Öl im Mixer zu einer glatten Paste pürieren.
- Mit einem scharfen Messer kleine Schlitze ins Lammfleisch schneiden. Etwas von der Gewürzmischung in die Schlitze füllen und das Fleisch rundherum mit der restlichen Gewürzmischung einreiben. Bis zu einer Stunde bei Zimmertemperatur oder bis zu 4 Stunden im Kühlschrank stehen lassen.
- Den Backofen auf 200 °C (Umluft 180 °C, Gas Stufe 6) vorheizen.
- Das Fleisch rundherum mit Salz und Pfeffer einreiben und in einen Bräter geben. Etwa eine Stunde braten, bis es medium ist. Mit Folie abdecken und vor dem Aufschneiden 10 Minuten ruhen lassen.
- Während das Lamm brät, die Kichererbsen-Sauce zubereiten. Dafür Kichererbsen, Knoblauch, Kreuzkümmel, Tabasco, Zitronensaft, Tahini, Wasser und Jogurt im Mixer zu einer glatten Masse pürieren. Mit Salz und Pfeffer abschmecken.
- Das Lammfleisch aufschneiden und heiß mit der Kichererbsen-Sauce auf vorgewärmten Tellern servieren.

VARIANTE

Balsamico-Lamm mit Knoblauch und Rosmarin

Anstelle der oben beschriebenen Gewürzmischung eine Balsamicomischung verwenden. Dazu 6 zerdrückte Knoblauchzehen, 1 Esslöffel fein gehackten frischen Rosmarin, 2 Esslöffel Balsamico und 2 Esslöffel Olivenöl mischen. Dann weiter so vorgehen, wie oben beschrieben.

Das Lammfleisch anstatt mit der Kichererbsen-Sauce mit marinierten Weißen Bohnen mit Olivenöl, Zitrone und Chili (s. S. 101) servieren.

KOCHTIPP
Lamm braucht je 500 g etwa 15 Minuten um bei 200 °C (Umluft 180 °C, Gas Stufe 3) medium zu braten. Wiegt Ihre Lammkeule mehr oder weniger als 2 kg, achten Sie auf die entsprechende Garzeit.

Gebratene Schweinekoteletts mit Cidre-Sauce

4 PORTIONEN
4 Schweinekoteletts, etwa2,5 cm dick
1 EL Sonnenblumenöl
30 g Butter
2 Äpfel, geachtelt
4 Schalotten, halbiert, aber an der Wurzel noch zusammenhängend
1 Knoblauchzehe, zerdrückt
125 ml trockenen Cidre
Salz, schwarzer Pfeffer

• Überschüssiges Fett von den Koteletts entfernen. Das – nach Belieben – verbleibende Fett im Abstand von 4 cm mit einer Schere einschneiden.
• Das Öl in einer großen Pfanne bei starker Hitze erhitzen. Die Koteletts in die Pfanne geben und auf jeder Seite 2 Minuten braten, bis sie goldbraun sind. Die Hitze auf eine niedrige Stufe verringern, die Pfanne zudecken und das Fleisch weitere 5 Minuten garen, bis am Knochen kein Rosa mehr zu sehen ist, aber das Fleisch noch saftig ist. Die Koteletts in eine vorgewärmte Schüssel geben, mit Folie abdecken und während der Zubereitung der Sauce im Backofen bei 120 °C (Umluft 100 °C, Gas Stufe 1) warmhalten.
• Den in der Pfanne verbliebenen Bratensaft bei Mittelhitze 2 Minuten eindicken lassen. Butter, Äpfel und Schalotten zugeben und unter gelegentlichem Rühren 8 Minuten garen, bis alles weich und goldbraun ist. Knoblauch und Cidre zugeben und zum Kochen bringen. In 3 bis 5 Minuten unter stetigem Rühren auf die Hälfte einkochen lassen. Mit Salz und Pfeffer abschmecken.
• Die Koteletts auf vorgewärmten Tellern anrichten und mit Salz und Pfeffer bestreuen. Mit Schalotten und Äpfeln garnieren und die Sauce darüber geben. Heiß mit Senf-Kartoffelpüree (s. S. 94) servieren.

Geschmorter **Mittelmeer-Gemüsetopf**

4 PORTIONEN

4 EL Olivenöl
1 mittelgroße Zwiebel, fein gewürfelt
2 Stangen Staudensellerie, fein gewürfelt
1 mittelgroße Möhre, fein gewürfelt
4 Knoblauchzehen, zerdrückt
½ TL getrockneter Rosmarin oder 1 TL fein zerkleinerter frischer Rosmarin
½ TL gerebelter Chili
1 mittelgroße Aubergine in 1-cm-Würfel geschnitten
2 mittelgroße Zucchini in 1-cm-Würfel geschnitten
2 rote Paprika, Trennwände und Kerne entfernt und in 1-cm-Würfel geschnitten
2 Kartoffeln, in 1-cm-Würfel geschnitten
4 reife frische Tomaten oder Pflaumentomaten aus der Dose, geviertelt
125 ml Wasser
400 g Weiße Bohnen aus der Dose, abgegossen
1 Hand voll frisches Basilikum, frische Minze oder Petersilie oder eine Mischung davon, gehackt
Salz, schwarzer Pfeffer
Olivenöl zum Servieren

• Öl in einem großen Topf erhitzen. Zwiebeln, Sellerie, Möhren und Knoblauch hineingeben und bei Mittelhitze unter ständigem Rühren garen, bis das Gemüse weich ist. Rosmarin, Chili, Auberginen, Zucchini, Paprika, Kartoffeln, Tomaten und Wasser hinzufügen. Die Pfanne zudecken und das Gemüse bei geringer Hitze 30 Minuten unter gelegentlichem Rühren garen, bis alles sehr weich ist.

• Die Bohnen einrühren und 5 Minuten köcheln lassen, bis sie warm sind. Das Gericht mit frischen Kräutern, Salz und Pfeffer abschmecken. In vorgewärmte Suppentassen geben und mit Olivenöl beträufeln. Heiß servieren,

VARIANTE

Geschmortes Winter-Gemüse

Aubergine, Zucchini und rote Paprika durch 750 g zerkleinerten Kürbis, 2 Stangen Porree – in dicke Scheiben geschnitten – und 2 grob zerkleinerte Fenchelknollen ersetzen. Zubereiten wie oben angegeben.

Gebackenes Hähnchen mit grünen Oliven und Zitronenkartoffeln

• Den Backofen auf 200 °C (Umluft 180 °C, Gas Stufe 3) vorheizen.
• Das Hähnchen rundherum mit Öl bestreichen und mit Salz einreiben. Eine Prise Salz, eine Prise Pfeffer und die Oliven ins Innere des Hähnchens geben.
• Kartoffeln, Knoblauch, Zitronensaft, Öl, Rosmarin, Salz und Pfeffer gründlich mischen. Einen Bräter nehmen, in dem Hähnchen und Gemüse gerade Platz haben. Das Hähnchen hineingeben und die Kartoffeln herumlegen.
• Das Hähnchen 1 ½ Stunden backen, dabei alle 20 Minuten übergießen, bis es goldbraun ist und eine knusprige Haut hat. Um zu testen, ob das Hähnchen fertig ist, mit einer Gabel unter dem Flügel einstechen und es mit der Öffnung nach unten hochnehmen. Wenn der Saft, der herausläuft, hell ist, nicht rosa, ist es fertig. Aus dem Ofen nehmen und 10 Minuten ruhen lassen, damit der Saft sich absetzen kann.
• Das Fleisch aufschneiden oder das Hähnchen tranchieren und mit den Oliven, den knusprigen Knoblauchkartoffeln und dem Hähnchen-Bratensaft auf einer Servierplatte anrichten. Heiß servieren.

4–6 PORTIONEN

1 Hähnchen von 1–1,5 kg Gewicht
3 EL Olivenöl
2 TL Salz
schwarzer Pfeffer
150 g grüne Oliven

FÜR DIE ZITRONENKARTOFFELN

1 kg Kartoffeln, der Länge nach geviertelt
2 Knoblauchzehen, zerdrückt
Saft von 1 Zitrone
3 EL Olivenöl
2 TL fein gehackter frischer Rosmarin oder ½ TL getrockneter Rosmarin
1 TL grobes Salz
½ TL schwarzer Pfeffer

KOCHTIPP

Ausgelöste Hähnchenknochen ergeben eine gute Brühe. Dafür die Knochen in einen Topf geben und mit kaltem Wasser bedecken. Zum Kochen bringen. Die Hitze verringern und das Ganze mindestens 2 Stunden köcheln lassen, dabei, wenn nötig, Wasser nachfüllen, sodass die Knochen bedeckt bleiben. Die Brühe in eine große Schüssel gießen und in den Kühlschrank stellen. Wenn die Brühe kalt ist, kann man von der Oberfläche die Fettschicht abnehmen, um eine magere Brühe zu erhalten.

Rindfleisch-Schmortopf mit Rotwein und Knoblauch

4–6 PORTIONEN
- 1 kg Rindfleisch, das zum Schmoren oder Braten geeignet ist, wie Oberschale, Keule oder Brust
- 2 TL schwarzer Pfeffer
- 2 Knoblauchzehen, fein zerkleinert
- 1 Zwiebel, fein gewürfelt
- 4 Scheiben durchwachsener Speck, fein zerkleinert
- ½ TL getrockneter Thymian oder 1 TL frischer Thymian
- 4 Möhren, in 8-cm-Stücke geschnitten
- 4 Stangen Staudensellerie, in 8-cm-Stücke geschnitten
- 8 Schalotten oder 2 Zwiebeln, das Wurzelende unverletzt, geschält und geviertelt
- 8 Knoblauchzehen
- 12 Champignons
- 8 mittelgroße Kartoffeln, der Länge nach halbiert
- 250 ml Rotwein
- 2 EL Cognac, nach Belieben
- Salz, schwarzer Pfeffer

KOCHTIPP
Diese Rezept geht superschnell und nebenbei. Sie müssen nichts anbraten, sondern können einfach alle Zutaten in einen Topf geben und köcheln lassen, während Sie irgendetwas anderes erledigen.

GESUNDHEITSTIPP
Untersuchungen haben ergeben, dass Rotwein – in kleinen Mengen genossen – das Risiko für Herzerkrankungen verringern kann.

- Den Backofen auf 150 °C (Umluft 130 °C, Gas Stufe 1) vorheizen.
- Rindfleisch rundum mit schwarzem Pfeffer bestreuen. Knoblauch, Zwiebeln, Speck und Thymian in einen Topf geben. Das Fleisch darauf legen und mit Möhren, Sellerie, Schalotten oder Zwiebeln, Knoblauchzehen, Pilzen und Kartoffeln umgeben. Rotwein und eventuell Cognac darüber gießen. Das Ganze bei Mittelhitze zum Köcheln bringen, dann zugedeckt in den Backofen stellen und 3 bis 4 Stunden garen, bis alles sehr weich ist. Darauf achten, dass die Flüssigkeit nicht kocht. Mit Salz und Pfeffer abschmecken.
- Das Rindfleisch in dicke Scheiben schneiden und auf vorgewärmte Teller geben. Das Gemüse herumlegen und mit Sauce begießen. Heiß servieren.

VARIANTE

Fleischtopf mit angebratenem Fleisch, Knoblauch und Rotwein

Das Fleisch nicht im Ganzen verwenden, sondern in 4 cm große Stücke schneiden. 1 Esslöffel Öl erhitzen und darin die Fleischstücke etwa 3 Minuten knusprig braun anbraten. Weiter so verfahren, wie oben beschrieben.

Würstchen mit goldenen Zwiebeln, roten Paprika und Tomaten

4 PORTIONEN

8 Schweinswürstchen, die Haut mehrfach eingestochen
2 Zwiebeln, in feine Ringe geschnitten
2 rote Paprika, Trennwände und Samen entfernt und das Fruchtfleisch in feine Streifen geschnitten
400 g italienische Pflaumentomaten aus der Dose, zerkleinert
Salz, schwarzer Pfeffer
1 Hand voll gehackte frische Petersilie, nach Belieben

- Eine große Pfanne bei Mittelhitze vorheizen. Würstchen hineingeben und 8 bis 10 Minuten unter Wenden braten, bis sie rundum gebräunt sind. Die Würstchen aus der Pfanne nehmen und beiseite stellen.
- Die Zwiebeln in die Pfanne geben, einen Deckel auflegen und das Ganze 5 Minuten garen, bis die Zwiebeln weich sind. Den Deckel abnehmen und die Paprikastreifen unterheben. Unter Rühren 10 Minuten garen, bis die Zwiebeln goldfarben und die Paprika weich sind. Die Tomaten zugeben und 10 Minuten garen, bis alles eingedickt ist. Dabei gelegentlich rühren.
- Die Hitze verringern und die Würstchen wieder in die Pfanne geben Unter gelegentlichem Rühren weitere 10 Minuten garen. Mit Salz und Pfeffer abschmecken. Auf vorgewärmten Tellern anrichten und heiß servieren. Nach Belieben mit Petersilie bestreuen.

VARIATION

Würstchen mit goldenen Zwiebeln, Kohl & Tomaten

Statt der roten Paprika ½ Wirsing oder Weißkohl verwenden, geputzt und in Streifen geschnitten. Zubereiten, wie oben angegeben.

4 PORTIONEN
8 Lammkoteletts
2 Knoblauchzehen, zerdrückt
2 TL schwarzer Pfeffer
½ TL getrockneter Thymian oder 1 TL frischer Thymian
1 EL Balsamico
1 EL Olivenöl
Salz
Zitronenspalten

Lammkoteletts mit Balsamico

• Zum Marinieren die Lammkoteletts mit Knoblauch, Pfeffer und Thymian einreiben und mit Essig und Öl beträufeln. In eine Schüssel geben und bei Zimmertemperatur 1 Stunde oder im Kühlschrank 4 Stunden stehen lassen. Dabei die Koteletts ab und zu wenden.

• Die Koteletts braten oder grillen (nach etwa 3 Minuten auf jeder Seiten sind sie medium). Mit Zitronenspalten und Knoblauchgemüse (s. S. 92) servieren.

4 PORTIONEN ALS HAUPTGERICHT, 6 PORTIONEN ALS BEILAGE
30 g Butter
1 Zwiebel, fein gewürfelt
1 Knoblauchzehe, fein zerkleinert
1 EL frisch geriebener Ingwer
250 g Rote Linsen
½ TL Kurkuma
725 ml Wasser
Salz

FÜR DIE GEWÜRZMISCHUNG
30 g Butter
½ TL gerebelter Chili
3 Lorbeerblätter
½ TL Kreuzkümmelsamen
½ TL Fenchelsamen
2 Knoblauchzehen, fein zerkleinert

KOCHTIPP
Sie können die Linsen am Vortag zubereiten und im Kühlschrank aufbewahren. Geben Sie die Gewürzmischung jedoch erst kurz vor dem Servieren unter die heißen Linsen, damit das Aroma voll zum Tragen kommt.

GESUNDHEITSTIPP
Die ballaststoffreichen, fettarmen Linsen liefern reichlich Proteine. Isst man sie zusammen mit Reis bieten sie acht der lebenswichtigen Aminosäuren.

Würzige Rote Linsen

• Butter in einer Pfanne bei Mittelhitze erhitzen. Zwiebeln, Knoblauch und Ingwer zugeben und 1 bis 2 Minuten unter ständigem Rühren anbraten, bis sie kräftig duften. Linsen, Kurkuma und Wasser hinzufügen und alles zum Kochen bringen. Die Hitze verringern und die Linsen 20 bis 30 Minuten garen, bis die Flüssigkeit leicht eingedickt ist. Mit Salz abschmecken.

• Für die Gewürzmischung Butter in einer kleinen Pfanne erhitzen und alle Gewürze hinzufügen. Unter Rühren 30 bis 60 Sekunden braten, bis der Knoblauch goldgelb bis goldbraun ist. Die Gewürzmischung unter die Linsen heben. Heiß servieren und gekochten Reis dazu reichen.

Marokkanischer Hühnchen-Eintopf

• Die Butter bei Mittelhitze in einem Topf zerlassen. Zwiebeln, Knoblauch, Safran, Kurkuma, Kreuzkümmel, Koriander, Paprika, schwarzen Pfeffer und Cayennepfeffer zugeben und unter gelegentlichem Rühren 10 Minuten garen, bis die Zwiebeln sehr weich sind.

• Hühnchen, Zitronensaft, Brühe, Aprikosen und Kichererbsen zugeben und das Ganze zum Kochen bringen. 30 bis 40 Minuten köcheln lassen, bis das Hühnchen weich und ohne eine Spur von Rosa an den Knochen ist. Mit Salz abschmecken.

• Die Hühnchenteile auf vorgewärmten Tellern anrichten und Sauce darüber geben. Nach Belieben garnieren (siehe unten). Heiß servieren und Butter-Couscous oder warmes Fladenbrot dazu reichen.

GARNIERUNGEN FÜR DEN MAROKKANISCHEN HÜHNCHEN-EINTOPF

Vollenden Sie diesen würzigen Eintopf farblich, strukturell und aromatisch mit einer kleinen Hand voll Kräuterblättern, wie Koriander oder Petersilie oder Minze, und fügen Sie 2 Esslöffel Mandelblättchen hinzu.

VARIANTE

Marokkanischer Lamm-Eintopf

Ersetzen Sie das Hühnchen durch 1 kg Lammfleisch – in Würfel geschnitten. Gut dafür eignet sich Lammschulter. Verwenden Sie statt Zitronensaft den Saft einer Orange. Gehen Sie vor, wie oben angegeben, aber decken Sie den Topf zu und köcheln das Ganze sehr sanft. Achten Sie darauf, dass die Flüssigkeit nicht kocht. 2 bis 3 Stunden garen, bis das Lamm sehr weich ist. Servieren Sie das Gericht, wie oben angegeben.

4 PORTIONEN

- 60 g Butter
- 2 Zwiebeln, fein gewürfelt
- 4 Knoblauchzehen, zerdrückt
- 1 Prise Safranfäden
- 1 EL Kurkuma
- 1½ TL gemahlener Kreuzkümmel
- 1½ TL gemahlener Koriander
- 1½ TL Paprika
- 1 TL schwarzer Pfeffer
- ¼ TL Cayennepfeffer
- 8 Hühnchenschenkel, enthäutet
- Saft von einer Zitrone
- 250 ml Hühnerbrühe oder Wasser
- 125 g getrocknete Aprikosen
- 400 g Kichererbsen aus der Dose, abgegossen
- Salz

KOCHTIPP

Der Eintopf kann am Vortag zubereitet werden. Zugedeckt in den Kühlschrank stellen.

Gegrillter Fisch mit Zitronen-Senf-Sauce

4 PORTIONEN

FÜR DIE ZITRONEN-SENF-SAUCE

1 TL Dijon-Senf
2 EL Zitronensaft
5 EL Olivenöl
Salz, schwarzer Pfeffer

4 Fischfilets à 175 g (siehe rechts)
1 EL Olivenöl

WESHALB NATÜRLICH?

In Zuchtteichen nach den Prinzipien der ökologischen Landwirtschaft gezogene Süßwasserfische erhalten nur natürliches, artgemäßes Futter. Die Fische haben Platz, um frei zu schwimmen und werden nicht routinemäßig zur Krankheitsvorbeugung mit Medikamenten behandelt.

Bei Seefisch versuchen Sie herauszufinden, wo und mit welchen Methoden die Fische gefangen wurden. Das ist meist schwierig, da die Fischläden von Großhändlern beliefert werden. Fragen Sie im Bioladen nach einer Quelle für »Öko-Seefisch«, der aus unverschmutzten Gewässern stammt und mit sanften Methoden gefangen wird.

- Den Grill 15 Minuten auf der höchsten Stufe vorheizen.
- Für die Sauce Senf, Zitronensaft und Öl in einem kleinen Topf mischen. Mit Salz und Pfeffer abschmecken. Bei schwacher Hitze in etwa 1 bis 2 Minuten lauwarm werden lassen.
- Den Fisch mit der Haut nach oben in einen mit Öl eingefetteten Bräter geben und grillen, bis er durch ist (siehe unten). Den Fisch nicht wenden. Den fertigen Fisch mit Salz und Pfeffer würzen. Auf vorgewärmten Tellern anrichten und mit der Sauce übergießen. Sofort servieren.

WELCHER FISCH?

Geeignet sind dünne Fischfilets von etwa 1 cm Dicke, wie Seezunge, Forelle, Meeräsche, Roter Schnapper, Scholle oder Seebarsch, 3 bis 5 Minuten grillen, bis sie durchscheinend wirken.

Dicke Fischfilets von etwa 2,5 cm Dicke, wie Kabeljau, Schellfisch, Schwertfisch oder Steinbutt, 8 bis10 Minuten grillen, bis sie durchscheinend wirken.

Lachsfilets 6 bis 8 Minuten grillen, bis das Fleisch durchscheinend wirkt, aber in der Mitte immer noch feucht und rosa ist.

VARIANTEN

Gegrillter Fisch mit Zitronen-Tomaten-Sauce

Bereiten Sie die Sauce zu, wie oben angegeben, und fügen Sie eine entkernte und fein gewürfelte Tomate hinzu.

Gegrillter Fisch mit Zitronen-Kräuter-Sauce

Bereiten Sie die Sauce zu, wie oben angegeben, und fügen Sie 1 Teelöffel fein zerkleinerten frischen Thymian hinzu oder Estragon, Petersilie, Fenchel, Dill oder Oregano.

Gegrillter Fisch mit Zitronen-Kapern-Sauce

Bereiten Sie die Sauce zu, wie oben angegeben, und fügen Sie 1 Teelöffel Kapern hinzu (abgegossen und abgespült).

Steak mit Pilzen und Wein-Sauce

4 PORTIONEN

1 EL Olivenöl
2 Knoblauchzehen, zerdrückt
4 Schalotten, fein zerkleinert
200 g Wildpilze, zerkleinert
4 Rumpsteaks oder Lendenfilets von je 250 g, etwa 2,5 cm dick
125 ml Rotwein
1 TL Butter
Salz, schwarzer Pfeffer

- Das Öl in einer Pfanne erhitzen. Knoblauch, Schalotten und Pilze zugeben und bei starker Hitze unter ständigem Rühren 5 Minuten garen, bis die Pilze zusammenfallen und beginnen knusprig zu werden. Alles aus der Pfanne nehmen und beiseite stellen.
- Die Steaks in die heiße Pfanne geben. Bratzeit pro Seite: 3 Minuten englisch, 4 Minuten medium, 6 Minuten gut durch. Herausnehmen und auf vorgewärmten Tellern ruhen lassen.
- Den Wein in die heiße Pfanne geben und 2 Minuten kochen, bis er auf die Hälfte reduziert ist. Die Pilzmischung wieder in die Pfanne geben. Unter stetigem Rühren eine Minute durchwärmen. Von der Kochstelle nehmen und Butter hineinrühren. Pilze und Wein-Sauce über die Steaks geben. Mit Salz und Pfeffer abschmecken. Sofort servieren.

Feine Gemüsegerichte

Rote Paprika mit Kartoffeln und Oliven

4 PORTIONEN ALS HAUPTGERICHT ODER 6 PORTIONEN ALS BEILAGE
4 EL Olivenöl
1 Zwiebel, in feinen Ringen
4 Knoblauchzehen, in feine Scheiben geschnitten
¼ TL gerebelter Chili
3 rote Paprika, geputzt und in Streifen geschnitten
4 Kartoffeln, gewürfelt
400 g Tomaten, zerkleinert
150 g schwarze Oliven
1 Hand voll Basilikum oder Petersilie, zerkleinert
Salz, schwarzer Pfeffer

• Das Öl in einem großen Topf erhitzen. Zwiebeln hineingeben und unter Rühren auf Mittelhitze 5 Minuten braten, bis sie weich und goldbraun sind.
• Knoblauch, Chili, Paprika, Kartoffeln, Tomaten und Oliven hinzufügen. Die Hitze verringern und das Ganze unter gelegentlichem Rühren 30 bis 40 Minuten köcheln lassen, bis die Kartoffeln weich sind. Basilikum oder Petersilie hineinrühren. Mit Salz und Pfeffer abschmecken. Heiß oder mit Zimmertemperatur servieren.

Knoblauch-Gemüse

4 PORTIONEN ALS BEILAGE
2 EL Olivenöl
2 Knoblauchzehen, in feinen Scheiben
¼ TL gerebelter Chili
300–500 g Gemüse nach Wahl (siehe rechts)
2 TL Rotweinessig oder Zitronensaft
Salz, schwarzer Pfeffer

GESUNDHEITSTIPP
Dunkelgrüne Gemüse sind reich an Vitaminen und Kalzium. Sie enthalten jede Menge Antioxidantien, die allgemein als krebsvorbeugend gelten.

• Das Öl in einer großen Pfanne erhitzen. Knoblauch und Chili zugeben und kurz bei Mittelhitze anbraten, bis der Knoblauch goldbraun ist.
• Das Gemüse zugeben und unter gelegentlichem Rühren garen, bis es zusammenfällt und weich, aber noch hellgrün ist (Garzeiten: siehe unten). Mit Essig, Zitronensaft, Salz und Pfeffer abschmecken. Heiß servieren.

WELCHES GRÜNE GEMÜSE?
Dieses Rezept passt für jedes grüne Gemüse. Die Garzeiten sind allerdings unterschiedlich. Sie haben die Wahl:

500 g Spinat oder Mangold – die Stiele würfeln, die Blätter grob zerkleinern; Garzeit 5 bis 8 Minuten.
500 g Kohl – den Strunk herausschneiden und wegwerfen, die Blätter grob zerkleinern; Garzeit 15 bis 20 Minuten.
500 g Grüner oder Roter Brokkoli – den Strunk in feine Scheiben schneiden, das Übrige in Röschen zerteilen; Garzeit 5 bis 8 Minuten, die Strunkteile sollten weich sein.
300 g Grünkohl – grob zerkleinern; Garzeit 15 bis 20 Minuten.
300 g Wirsing – grob zerkleinern; Garzeit 15 bis 20 Minuten.

4 PORTIONEN ALS BEILAGE

1 kg Kartoffeln, in gleich große Stücke geschnitten
2 Knoblauchzehen
175 ml Milch, sauren Rahm, Schlagrahm, Crème fraîche oder Kartoffelkochwasser
4 EL Olivenöl oder 60 g Butter
Salz, schwarzer Pfeffer, Muskat

GESUNDHEITSTIPP

Wenn Sie die Schale an den Kartoffeln lassen, hat Ihr Kartoffelpüree zusätzliche Nährstoffe und ein erdiges Aroma. Wie kalorienreich das Püree ist, liegt bei Ihnen: Die Möglichkeiten reichen von fettarm, aber nährstoffreich mit Kartoffelkochwasser bis zu üppig mit Crème fraîche.

Kartoffelpüree

• Kartoffeln und Knoblauch in einen Topf mit Salzwasser geben. Die Kartoffeln sollten vom Wasser bedeckt sein. Zum Kochen bringen. Die Hitze verringern und 20 bis 30 Minuten köcheln lassen, bis sie weich sind. Abgießen, das Kochwasser aufbewahren (nach Belieben).

• Die Kartoffeln in den trockenen Topf zurückgeben. Bei sehr niedriger Hitze die Kartoffeln mit einem Holzlöffel zerdrücken, dabei Milch, Sauerrahm, Schlagrahm, Crème fraîche oder Kochwasser einarbeiten. Olivenöl oder Butter hineinrühren. Mit Salz, Pfeffer und Muskat abschmecken. Sofort servieren.

VARIANTEN

Meerrettich-Kartoffelpüree

2 Esslöffel Meerrettich-Sauce zum Püree geben und gründlich verrühren.

Ziegenkäse-Kartoffelpüree

125 g Ziegenkäse in Krümeln zum Püree geben und gründlich verrühren.

Petersilien-Kartoffelpüree

Eine Hand voll grob zerkleinerte Petersilie zum Püree geben und gründlich verrühren.

Senf-Kartoffelpüree

2 Esslöffel cremigen und 2 Esslöffel körnigen Dijon-Senf zum Püree geben. Gründlich verrühren.

Möhren-Kartoffelpüree

2 geriebene Möhren zum Püree geben und gründlich verrühren.

Pesto-Kartoffelpüree

4 Esslöffel Pesto zum Püree geben und gründlich verrühren.

Püree aus Wintergemüsen

Die Hälfte der Kartoffeln ersetzen durch Sellerie, Pastinaken, Kohlrüben oder Herbstrüben – in gleich große Stücke geschnitten. Man kann die Gemüsesorten jeweils alleine oder gemischt verwenden. Das Püree wie beschrieben zubereiten.

Gerösteter Kürbis

4 PORTIONEN ALS BEILAGE

1 Knoblauchzehe, zerdrückt
1 EL Olivenöl
1,5 kg Moschuskürbis (1 großer oder 2 kleine Kürbisse)
Salz, schwarzer Pfeffer
Olivenöl oder Butter zum Servieren

- Den Backofen auf 200 °C (Umluft 180 °C, Gas Stufe 3) vorheizen.
- Knoblauch und Öl verrühren. Den Kürbis der Länge nach halbieren und das gesamte faserige Innere mit den Samen entfernen. Das Fruchtfleisch mit Knoblauchöl bestreichen und mit Salz und Pfeffer würzen. Mit der Schnittfläche nach unten auf ein Backblech legen.
- Etwa eine Stunde rösten, bis die Haut runzelig und das Fleisch sehr weich ist. In Portionen aufschneiden und mit der Schnittfläche nach oben anrichten. Heiß servieren. Salz, Pfeffer und Olivenöl oder Butter dazu reichen.

VARIANTEN

Kürbispüree mit Ingwer

Den Kürbis rösten (siehe oben). Das Fleisch von der Schale kratzen und mit 30 g Butter und einem Esslöffel geriebenem frischem Ingwer im Mixer zu einer glatten Masse pürieren. Mit Salz und Pfeffer abschmecken. Heiß servieren.

Kürbispüree mit Crème fraîche und Käse

Den Kürbis rösten (siehe oben). Das Fleisch von der Schale kratzen und mit 30 g Butter, 4 Esslöffeln geriebenem Emmentaler, Parmesan oder Cheddar und 2 Esslöffeln Crème fraîche zu einer glatten Masse pürieren. Mit Salz, Pfeffer und Muskat abschmecken. Heiß servieren.

KOCHTIPP

Kürbisse unterscheiden sich in Größe und Form, doch sie haben fast alle ein leuchtend orangefarbenes oder gelbes Fruchtfleisch und ein süßes, erdiges Aroma, das sich beim Rösten verstärkt. Gerösteter Moschuskürbis ist eine bunte und aromatische Beilage zu gegrilltem oder gebratenem Fleisch. Für eine vegetarische Mahlzeit nimmt man am besten kleinere Kürbisse und serviert pro Person eine halbe Frucht mit reichlich Butter, geriebenem Käse und einem Hauch Muskat.

GESUNDHEITSTIPP

Kürbisse stecken voller Nährstoffe, besonders Vitamin A und Kalium. Sie sind kalorienarm und leicht verdaulich.

4 PORTIONEN

500 g rohe oder vorgekochte Rote Bete
175 ml Schlagrahm
125 g Emmentaler oder Cheddar, gerieben
Salz, schwarzer Pfeffer

KOCHTIPP

Vor dem Kochen der rohen Roten Bete die Blätter entfernen, aber weder schälen noch die Wurzeln abschneiden. Diese Teile geben die Farbe ins Wasser ab.

Cremiges Rote-Bete-Gratin

- Rohe Rote Bete zum Garen in kochendes Wasser geben. 35 bis 45 Minuten, je nach Größe, köcheln lassen, bis sich die Knollen beim Anstechen mit einer Messerspitze weich anfühlen. Abkühlen lassen. Schälen und in 5 mm dicke Scheiben schneiden.
- Den Backofen auf 200 °C (Umluft 180 °C, Gas Stufe 3) vorheizen.
- Die Rote-Bete-Scheiben in eine gefettete Auflaufform schichten. Schlagrahm darüber gießen und mit Käse, Salz und Pfeffer bestreuen.
- 15 bis 20 Minuten backen, bis der Käse goldbraun und knusprig ist.

VARIANTEN

Cremiges Pastinaken-Gratin

Statt Rote Bete 750 g mittelgroße Pastinaken – in 5 mm dicke Scheiben geschnitten – verwenden. 5 bis 8 Minuten in kochendem Wasser garen, bis sie sich beim Anstechen mit einer Messerspitze weich anfühlen. Abgießen und gut abtropfen lassen. Zubereiten wie angegeben.

Cremiges Kartoffel-Gratin

Statt Rote Bete 750 g Kartoffeln – in 5 mm dicke Scheiben geschnitten – verwenden. 5 bis 8 Minuten in kochendem Wasser garen, bis sie sich beim Anstechen mit einer Messerspitze weich anfühlen. Abgießen und gut abtropfen lassen. Zubereiten wie angegeben.

Cremiges Rüben-Gratin

Statt Rote Bete 750 g mittelgroße Rüben – in 5 mm dicke Scheiben geschnitten – verwenden. 5 bis 8 Minuten in kochendem Wasser garen, bis sie sich beim Anstechen mit einer Messerspitze weich anfühlen. Abgießen und gut abtropfen lassen. Zubereiten wie angegeben.

Geröstete Tomaten

4 PORTIONEN ALS BEILAGE

6 reife Tomaten, halbiert
2 Knoblauchzehen
Salz, schwarzer Pfeffer
1 EL Balsamico
2 EL Olivenöl
zusätzliches Olivenöl zum Servieren
1 Hand voll frische Kräuter, zerkleinert, z. B. Petersilie, Basilikum, Majoran oder eine Mischung davon

KOCHTIPP

Bewahren Sie Tomaten nie im Kühlschrank auf, da die Kühle ihre Struktur und ihr Aroma verdirbt.

- Den Backofen auf 120 °C (Umluft 100 °C, Gas niedrigste Stufe) vorheizen.
- Die Tomaten mit der Schnittfläche nach oben auf ein Backblech geben. Die Knoblauchzehen halbieren und jede Hälfte in 3 Scheibchen schneiden. Auf jede Tomate eine Knoblauchscheibe legen. Tomaten mit Salz und Pfeffer bestreuen. Mit Essig und Öl beträufeln und 2 Stunden rösten, bis sie sehr weich sind.
- Die fertigen Tomaten mit Olivenöl beträufeln und mit frischen Kräutern bestreuen. Heiß oder mit Zimmertemperatur servieren.

Marinierte Bohnen mit Olivenöl, Zitrone und Chili

• Für das Dressing Knoblauch, Zitronensaft, Öl und Chili mischen. Mit Salz und Pfeffer abschmecken.

• Die Bohnen von Wasser bedeckt zum Kochen bringen. Sofort abgießen und noch heiß das Dressing darüber gießen. Vorsichtig mischen. Tomaten und Kräuter zugeben. Mit Salz und Pfeffer abschmecken. Heiß mit gegrilltem Fleisch oder Fisch servieren oder bei Zimmertemperatur mit grünem Salat.

WELCHE BOHNEN?

Weiße, Cannellini-, Flageolet- und Borlotti-Bohnen oder andere Hülsenfrüchte wie Kichererbsen passen gut zu diesem Rezept.

4 PORTIONEN

2 Knoblauchzehen, zerdrückt
2 EL Zitronensaft
5 EL Olivenöl
¼ TL gerebelter Chili
Salz, schwarzer Pfeffer
800 g Bohnen aus der Dose, abgegossen
4 reife Tomaten, gewürfelt
1 Hand voll frische Petersilie oder Basilikum, zerkleinert

KOCHTIPP

Wenn Sie getrocknete Bohnenkerne verwenden, brauchen Sie 250 g. Über Nacht von Wasser bedeckt stehen lassen. Abgießen, abspülen und 1 bis 1½ Stunden von Wasser bedeckt garen, bis sie weich sind. Das Dressing unbedingt darüber geben, solange die Bohnen noch heiß sind, damit sie das Aroma aufnehmen können.

GESUNDHEITSTIPP

Man hat heute Hülsenfrüchte, wie etwa Bohnenkerne, als eines der gesündesten Nahrungsmittel erkannt – kaum Fett, reich an Ballaststoffen, Eisen, Phosphor und den Vitaminen des B-Komplexes. Hülsenfrüchte sind auch eine gute Proteinquelle, außerdem gibt ihr hoher Kohlenhydratgehalt lang anhaltend Energie.

Winterliches Wurzelgemüse

4 PORTIONEN ALS BEILAGE

1,25 kg gemischtes Wurzelgemüse (siehe rechts)
1 Knoblauchknolle, in Zehen zerteilt, diese aber ungeschält
½ TL getrockneter oder 1 TL fein zerkleinerter frischer Rosmarin
½ EL Balsamico
4 EL Olivenöl
grobes Salz, schwarzer Pfeffer

GESUNDHEITSTIPP

Schälen Sie Wurzelgemüse, wenn möglich, nicht, denn in und unter der Schale sitzen die meisten Ballaststoffe und so wichtige Nährstoffe wie Vitamin C.

• Den Ofen auf 200 °C (Umluft 180 °C, Gas Stufe 3) vorheizen.

• Gemüse und Knoblauch in einen Bräter legen. Rosmarin, Essig, Öl, Salz und Pfeffer darüber geben. Alles gut mischen und im Backofen 40 Minuten bis eine Stunde garen, bis alles goldbraun und weich ist.

WELCHE WURZELGEMÜSE?

Alle Wurzelgemüse oder Wurzelgemüse-Mischungen passen für dieses Rezept. Um Unterschiede in der Kochzeit auszugleichen, sollten Sie Gemüse, die länger brauchen in kleinere und schnell kochende in etwas größere Stücke schneiden. Wählen Sie unter den folgenden Gemüsesorten:

Kartoffeln, geviertelt.
Möhren, der Länge nach halbiert.
Mittelgroße Pastinaken, der Länge nach geviertelt.
Knollensellerie, geschält und in Spalten geschnitten.
Kohlrüben, geviertelt.
Süßkartoffeln, geviertelt.
Rote Bete, geviertelt.
Schalotten, ganz und geschält.
Zwiebeln, geschält und geviertelt, doch am Wurzelende zusammenhängend.
Herbstrüben, geschält und in Spalten geschnitten.
Topinambur, halbiert.

Frühlingsgemüse-Ragout

4 PORTIONEN ALS HAUPTGERICHT
6 PORTIONEN ALS BEILAGE

- 2 EL Olivenöl
- 750 g gemischtes Frühlingsgemüse (siehe rechts)
- 150 ml Gemüsebrühe oder Gemüsekochwasser
- 2 TL Butter
- 2 EL Zitronensaft
- Salz, schwarzer Pfeffer
- 1 Hand voll frische Kräuter, zerpflückt oder grob zerkleinert (siehe rechts)

• Das Öl in einer großen Pfanne erhitzen. Das Gemüse hineingeben und unter ständigem Rühren 5 Minuten bei Mittelhitze garen, bis es beginnt, weich zu werden. Brühe zugießen und 10 Minuten köcheln lassen, bis das Gemüse knackig-zart ist.

• Von der Kochstelle nehmen und Butter und Zitronensaft zugeben. Mit Salz und Pfeffer abschmecken. Auf vorgewärmte tiefe Teller geben und mit frischen Kräutern bestreuen. Heiß servieren.

WELCHE GEMÜSE?

Jede Mischung zarter Frühlingsgemüse passt für dieses Rezept. Um Unterschiede in der Kochzeit auszugleichen, sollten Sie die Gemüse, die länger brauchen in kleinere und schnell kochende in etwas größere Stücke schneiden. Wählen Sie unter den folgenden Gemüsesorten:

Spargel, in 7,5-cm-Stücke geschnitten.
Rettich, halbiert.
Kleine Champignons, ganz.
Frühlingszwiebeln, in 7,5-cm-Stücke geschnitten.
Kirschtomaten, ganz.
Möhren, in Stifte von 7,5 x 1 cm geschnitten.
Dicke Bohnen, enthülst.
Grüne Erbsen, enthülst.
Fenchel, halbiert und in 1-cm-Scheiben geschnitten.
Zuckerschoten, ganz.
Zucchini, in Stifte von 7,5 x 1 cm geschnitten.
Grüne Bohnen, ganz.
Staudensellerie, in Stiften von 7,5 x 1 cm.
Blumenkohl, in kleinen Röschen
Roter oder Grüner Brokkoli, Blätter und Strünke zerkleinert, die Köpfe in kleine Röschen zerteilt.

WELCHE KRÄUTER?

Es gibt viele Möglichkeiten, doch empfehlenswert sind die klassischen *Fines herbes* – Kerbel, Schnittlauch, Petersilie und Estragon.

Ofenkartoffeln

4 PORTIONEN
4 Kartoffeln von jeweils etwa 250 g
Salz, schwarzer Pfeffer

ZUM SERVIEREN
1 großes Stückchen Butter oder 1 EL Olivenöl pro Kartoffel

• Das Backblech auf die mittlere Schiene des Backofens geben. Den Backofen auf 200 °C (Umluft 180 °C, Gas Stufe 3) vorheizen.
• Die Kartoffeln einige Male mit einer Gabel oder einem Spießchen anstechen. Die Kartoffeln unter fließendem kalten Wasser abspülen. Während sie noch feucht sind, gleichmäßig mit Salz bestreuen. Die Kartoffeln mit wenigstens 10 cm Abstand auf das heiße Backblech geben und 1 bis 1 ½ Stunden backen, bis sie außen knusprig und innen weich sind.
• Zum Servieren jede Kartoffel kreuzweise einschneiden. Zum Öffnen Schnittkanten aneinander drücken. Mit Salz und Pfeffer bestreuen. Butter oder Öl zugeben. Heiß servieren als Beilage zu Braten oder als Hauptgericht mit Salat.

KOCHTIPP
Wickeln Sie Kartoffeln, die Sie in der Mikrowelle oder im Backofen backen, nie in Folie. Sie werden dann nicht gebacken, sondern gedämpft.

VARIANTE
Ofenkartoffel mit Kirschtomaten
Bereiten Sie die gerösteten Kirschtomaten von Seite 69 zu. Kartoffeln garen und aufschneiden wie angegeben. Griechisches Jogurt oder Sauerrahm darauf geben, dann mit den Tomaten krönen.

ZU OFENKARTOFFELN PASSEN
Jeder dieser Beläge passt einzeln oder als Kombination:
125 ml Sauerrahm oder griechisches Jogurt,
125 g geriebener Käse, 2 Esslöffel zerkleinerter Schnittlauch
oder 2 Esslöffel zerkleinerte Frühlingszwiebeln.

Gebackene Süßkartoffel

4 PORTIONEN
4 Süßkartoffeln
Salz, Pfeffer, Muskatnuss, Zimt

ZUM SERVIEREN
1 großes Stückchen Butter pro Kartoffel

• Das Backblech auf die mittlere Schiene des Backofens geben. Den Backofen auf 200 °C (Umluft 180 °C, Gas Stufe 3) vorheizen.
• Die Kartoffeln einige Male mit einer Gabel oder einem Spießchen anstechen. Die Kartoffeln mit wenigstens 10 cm Abstand auf die heiße Fettpfanne geben und 1 bis 1 ½ Stunden backen, bis sie sehr weich sind.
• Zum Servieren jede Kartoffel kreuzweise einschneiden. Zum Öffnen die Schnittkanten aneinander drücken. Mit Salz, Pfeffer, Muskat und Zimt bestreuen. Heiß mit Butter servieren.

KOCHTIPP
Wir empfehlen die Verwendung einer Fettpfanne mit Rändern anstelle eines Backblechs, da Süßkartoffeln beim Backen oft einen sirupartigen Saft abgeben.

Dressings für Blattsalate

Honig-Senf

FÜR 4 PORTIONEN SALAT
1 Knoblauchzehe, zerdrückt
1 EL Honig
1 TL glatter Dijon-Senf
2 TL körniger Dijon-Senf
2 EL Rotweinessig
5 EL Olivenöl
Salz, schwarzer Pfeffer

• Knoblauch, Honig, Senf, Essig und Olivenöl zu einer dicken, glatten Masse verrühren. Mit Salz und Pfeffer abschmecken.

Zitrone-Knoblauch

FÜR 4 PORTIONEN SALAT
1 Knoblauchzehe, zerdrückt
2 EL Zitronensaft
5 EL Olivenöl
Salz, schwarzer Pfeffer

• Knoblauch, Zitrone und Öl zu einer glatten Masse verrühren. Mit Salz und Pfeffer abschmecken.

Avocado-Jogurt

FÜR 4 PORTIONEN SALAT
1 Avocado
1 Knoblauchzehe, zerdrückt
2 Frühlingszwiebeln, zerkleinert
125 g griechisches Jogurt
1 EL Rotweinessig
1 EL Olivenöl
Salz, schwarzer Pfeffer

• Avocado, Knoblauch, Frühlingszwiebeln, Jogurt, Essig und Öl im Mixer zu einer glatten Masse pürieren. Mit Salz und Pfeffer abschmecken.

Cremige Schalotten

FÜR 4 PORTIONEN SALAT
1 Schalotte, fein zerkleinert
2 EL Rotweinessig
4 EL Olivenöl
4 EL Crème fraîche oder Sauerrahm
Salz, schwarzer Pfeffer

• Schalotten, Essig, Öl und Crème fraîche oder Sauerrahm zu einer dicken, glatten Masse verrühren. Mit Salz und Pfeffer abschmecken.

KOCHTIPP
Alle beschriebenen Dressings können Sie einen Tag im Voraus zubereiten und zugedeckt im Kühlschrank aufbewahren. Beim Avocado-Dressing die Frischhaltefolie direkt auf die Oberfläche legen, sonst wird es bräunlich.

Gebackene Zwiebeln

4 PORTIONEN

4 mittelgroße bis große Zwiebeln, rot oder gelb, geschält, aber am Wurzelende noch zusammenhängend
2 EL Olivenöl
2 EL Balsamico
Salz, schwarzer Pfeffer

GESUNDHEITSTIPP

Zwiebeln sind eine gute Quelle für herzschützende Antioxidantien – genauso wie ihr Verwandter, der Knoblauch.

- Den Backofen auf 200 °C (Umluft 180 °C, Gas Stufe 3) vorheizen.
- Jede Zwiebel etwa 5 cm tief kreuzweise einschneiden. Die Zwiebeln mit ein paar Esslöffeln Wasser in eine Auflaufform geben. Mit Öl und Essig beträufeln und mit Salz und Pfeffer bestreuen. Die Zwiebeln mit Folie abdecken und 30 Minuten backen. Die Folie abnehmen und weitere 30 Minuten backen, bis die Knollen sehr weich und an den Rändern leicht knusprig sind.
- Die Zwiebeln aufdrücken. Heiß mit Garnierungen (siehe unten) servieren.

GARNIERUNGEN ZU GEBACKENEN ZWIEBELN

Wenn Sie eine oder eine Mischung der folgenden Zutaten über die gebackenen Zwiebeln geben, werden diese zum Hauptgericht:

125 g zerkrümelter Blauschimmelkäse oder
125 ml Sauerrahm oder
125 g geriebener Cheddar oder Emmentaler.

Salat aus neuen Kartoffeln mit Vinaigrette

4 PORTIONEN ALS BEILAGE

750 g neue Kartoffeln, in mundgerechten Stücken
2 Schalotten, fein zerkleinert oder 4 Frühlingszwiebeln in feine Scheiben geschnitten
2 EL Rotweinessig
4 EL Olivenöl
Salz, schwarzer Pfeffer

• Die Kartoffeln in einen großen Topf mit kaltem Wasser geben und zum Kochen bringen. Die Hitze verringern und die Kartoffeln 10 bis 15 Minuten köcheln lassen, bis sie beim Anstechen mit einer Messerspitze weich, aber noch bissfest sind. Abgießen.

• Während die Kartoffeln kochen, die Vinaigrette zubereiten. Schalotten, Essig und Öl gut verrühren.

• Die heißen Kartoffeln mit der Vinaigrette und den weiteren Zutaten (nach Belieben) vorsichtig mischen. Mit Salz und Pfeffer abschmecken. Warm oder mit Zimmertemperatur servieren.

VARIANTE

Salat aus neuen Kartoffeln mit Crème fraîche

Unter den fertigen Kartoffelsalat 125 ml Crème fraîche vorsichtig unterziehen.

WEITERE ZUTATEN ZUM SALAT AUS NEUEN KARTOFFELN

Verändern Sie das Aroma und die Struktur dieses klassischen französischen Kartoffelsalats mit folgenden Zutaten:

2 Esslöffel fein gehackte frische Kräuter, wie Dill, Petersilie oder Schnittlauch, 1 Esslöffel körniger Dijon-Senf oder 2 Selleriestauden, fein gehackt.

Allerlei Süßes

Gestürzter Pflaumen-Karamell-Kuchen

6–8 PORTIONEN

FÜR DAS KARAMELL
175 g Zucker
6 EL Wasser
4 große rote Pflaumen, halbiert

FÜR DEN KUCHEN
150 g Mehl
2 TL Backpulver
175 g weiche Butter
175 g Zucker
4 EL gemahlene Mandeln
4 Eier, verschlagen
1 TL Vanille-Extrakt

WICHTIGES ZUBEHÖR
Kuchenform, Durchmesser 25 cm, gefettet

KOCHTIPP
Karamell ist gebrannter Zucker. Sie müssen nur einige Punkte beachten, um garantiert immer Erfolg mit Karamell zu haben. Rühren Sie nicht um, wenn der Sirup kocht, das fördert das Kristallisieren. Wenn Ihr Karamell sich zu schnell färbt, verhindern Sie weiteres Kochen, indem Sie den Topf in kaltes Wasser stellen. Wenn es zu fest zum Gießen ist, wärmen Sie es bei schwacher Hitze wieder auf, bis es schmilzt.

• Den Backofen auf 150 °C (Umluft 130 °C, Gas Stufe 1) vorheizen. Die Kuchenform einfetten.
• Zucker und Wasser in einen Topf geben und bei schwacher Hitze so lange mit einem Holzlöffel darin rühren, bis der Zucker sich aufgelöst hat. Nicht kochen lassen, bevor der Zucker sich nicht vollständig gelöst hat und einen klaren Sirup bildet. Auf Mittelhitze stellen und den Sirup zum Kochen bringen. Kochen, bis er am Rand des Topfes braun zu werden beginnt. Die Hitze verringern und den Sirup weitergaren, bis er dunkelgoldbraun wird. Nicht mehr mit einem Löffel umrühren, sondern den Topf ein- oder zweimal schwenken, damit das entstehende Karamell gleichmäßig Farbe annimmt. Das fertige Karamell sofort in die gefettete Kuchenform gießen.
• Pflaumen mit der Schnittfläche nach unten auf das Karamell legen.
• Mehl und Backpulver zusammen in eine große Schüssel sieben. Butter, Zucker, Mandeln, Eier und Vanille zugeben und 1 bis 2 Minuten schlagen, bis eine glatte, gleichmäßige Masse entsteht. Den Teig auf die Früchte geben und im vorgeheizten Backofen 50 Minuten backen, bis die Oberseite goldbraun ist und die Ränder sich von der Form gelöst haben.
• 2 bis 3 Minuten auskühlen lassen, dann mit einem Messer den Rand entlang fahren und den Kuchen auf eine Servierplatte stürzen. Wenn Früchte an der Form kleben, mit einem Teigschaber vorsichtig lösen und an ihren Platz drücken. Warm oder mit Zimmertemperatur servieren.

VARIANTEN
Den Kuchen so zubereiten, wie oben beschrieben ist. Sie können aber andere Früchte wählen:

Erdbeer-Karamell-Kuchen
Die Pflaumen durch 1 kg reife Erdbeeren ersetzen.

Mango-Karamell-Kuchen
Die Pflaumen durch 3 mittelgroße Mangos – in Scheiben geschnitten – ersetzen.

Apfel-Karamell-Kuchen
Die Pflaumen durch 4 geviertelte Äpfel ersetzen.

Schnelle Garnierungen für Vanille-Eis

Toffee-Bananen

4 PORTIONEN
5 EL brauner Zucker
60 g Butter
6 EL Schlagrahm
Vanille-Eis
2 Bananen, in Scheiben geschnitten

• Für die Sauce Zucker, Butter und Schlagrahm in einen kleinen Topf geben und bei Mittelhitze unter ständigem Rühren zum Kochen bringen.
• Die Eiscreme in Schalen bereithalten. Das Eis mit den Bananenscheiben garnieren und mit heißer Toffee-Sauce beträufeln. Sofort servieren.

Beerenauslese

4 PORTIONEN
250 g Heidelbeeren, Brombeeren, Himbeeren, Erdbeeren oder eine Mischung davon
2 EL Zucker
Vanille-Eis

• Beeren und Zucker in einem Topf bei geringer Hitze unter gelegentlichem Rühren 10 Minuten garen, bis die Beeren durchgewärmt sind und beginnen Saft zu ziehen. Nicht kochen lassen.
• Die Eiscreme in Schalen bereithalten. Die heißen Beeren und den Saft darüber geben und sofort servieren.

Schokoladen-Fudge

4 PORTIONEN
125 ml Schlagrahm
1 EL brauner Zucker
15 g Butter
125 g dunkle Schokolade, in Stücke gebrochen
1 TL Vanille-Extrakt
Vanille-Eis

• Schlagrahm, Zucker und Butter in einem kleinen Topf zum Köcheln bringen. Von der Kochstelle nehmen. Schokolade und Vanille hineingeben und eine Minute stehen lassen. Rühren, bis die Masse glatt und glänzend ist.
• Die Eiscreme in Schalen bereithalten. Die heiße Sauce darüber geben. Sofort servieren.

Karamellisierte Äpfel

4 PORTIONEN
60 g Butter
4 EL brauner Zucker
4 reife feste Äpfel, ohne Kernhaus, in 8 Spalten
4 EL Wasser
Vanille-Eis

• Butter bei Mittelhitze in einer großen Pfanne zerlassen und Zucker zugeben und rühren, bis er sich gelöst hat. Die Äpfel hinzufügen und 5 Minuten garen, bis sie goldbraun sind, dabei die Pfanne häufig schwenken. Nicht mehr rühren! Wasser zugießen und 2 Minuten kochen lassen, bis die Äpfel weich sind.
• Die Eiscreme in Schalen bereithalten. Mit den heißen Äpfeln und dem Saft garnieren. Sofort servieren.

Pfirsich-Ingwer-Crisp mit Haferschrot

4–6 PORTIONEN
6 Pfirsiche, in 1 cm dicke Scheiben geschnitten
2 EL Zucker
1 EL Zitronensaft
2 EL frisch geriebener Ingwer

FÜR DEN BELAG
100 g Mehl
60 g Haferschrot
¼ TL Salz
175 g brauner Zucker
125 g Butter, gekühlt und in Würfel geschnitten

GESUNDHEITSTIPP
Hafer ist eine ausgezeichnete Quelle für Eisen, Magnesium und lösliche Ballaststoffe. Regelmäßig verzehrt, kann Hafer helfen, den Cholesterinspiegel zu senken.

- Den Backofen auf 190 °C (Umluft 170 °C, Gas Stufe 2–3) vorheizen.
- Pfirsiche, Zucker, Zitrone und Ingwer in eine gefettete Auflaufform von 20 x 26 x 5 cm geben und vorsichtig vermischen.
- Für den Belag Mehl, Haferschrot, Salz, Zucker und Butter in der Küchenmaschine verrühren, bis eine krümelige Masse entsteht. Oder Mehl, Haferschrot, Salz und Zucker in eine Schüssel geben und mit 2 Messern die Butter in die Mehlmischung schneiden, bis diese krümelig ist.
- Die Früchte mit dem Belag bedecken und 45 Minuten backen, bis der Belag goldbraun ist und die Früchte weich sind. Heiß servieren.

VARIANTEN
Crisps so zubereiten, wie oben beschrieben ist. Sie können aber andere Früchte wählen:

Apfel-Zimt-Crisp
Die Pfirsiche durch 6 Äpfel ohne Kernhaus – in Scheiben geschnitten – ersetzen. Statt Ingwer einen Teelöffel Zimt verwenden.

Erdbeer-Rhabarber Crisp
Die Pfirsiche durch 1 kg Rhabarber – in 1-cm-Stücke geschnitten – und 250 g halbierte Erdbeeren ersetzen. Den Ingwer weglassen und die Zuckermenge verdoppeln (bei der Fruchtmischung, nicht beim Belag).

Nektarinen-Himbeer Crisp
Die Pfirsiche durch 4 Nektarinen in 1-cm-Scheiben und durch 250 g Himbeeren ersetzen. Den Ingwer weglassen. Zubereiten wie oben angegeben.

Heidelbeer-Birnen Crisp
Die Pfirsiche durch 4 Birnen ohne Kernhaus – in Scheiben geschnitten – und 250 g Heidelbeeren ersetzen. Den Ingwer weglassen.

Vanille-Schokoladenplätzchen

12 STÜCK
300 g dunkle Schokolade
175 g Butter
150 g Zucker
2 TL Vanille-Extrakt
4 Eier, verschlagen
125 g Mehl
2 EL Kakaopulver
75 g gehackte Walnüsse oder Pekannüsse
Vanille-Eis zum Servieren

WICHTIGES ZUBEHÖR
Backform in der Größe 34 x 24 x 5 cm

• Die Backform mit Folie auskleiden, die Folie an den Seiten etwa 5 cm überstehen lassen.
• Den Backofen auf 150 °C (Umluft 130 °C, Gas Stufe 1) vorheizen.
• Schokolade und Butter bei Mittelhitze unter ständigem Rühren erhitzen, bis sie glatt und glänzend sind. Von der Kochstelle nehmen und lauwarm werden lassen. Zucker, Vanille, Eier und Schokoladenmischung gründlich mischen. Mehl, Kakao und Walnüsse oder Pekannüsse gut unterrühren.
• Den Teig in die ausgekleidete Form gießen und 45 Minuten backen, bis die Oberfläche fest, aber das Innere noch etwas klebrig ist. In der Form auf einem Kuchengitter vollständig auskühlen lassen. Dann das Gebäck mit der Folie aus der Form heben. In Quadrate schneiden und von der Folie lösen. Mit Vanille-Eis servieren.

Köstlicher Zitronen-Käsekuchen

6–8 PORTIONEN

FÜR DEN BODEN
200 g gemahlene Mandeln
3 EL Zucker
1 Prise Salz
4 EL zerlassene Butter

FÜR DIE FÜLLUNG
1 kg Frischkäse
350 g Zucker
geriebene Schale einer unbehandelten Zitrone
2 EL Zitronensaft
4 Eier, verschlagen

FÜR DEN BELAG
250 ml saurer Rahm
4 EL Zucker
1 EL Zitronensaft

WICHTIGES ZUBEHÖR
1 Springform mit 25 cm Durchmesser

GESUNDHEITSTIPP
Zitronenschale enthält mehr Vitamin C als das Fruchtfleisch. Zitronen aus konventionellem Anbau sind mit Wachs, Fungiziden und Mitteln zur Verbesserung der Haltbarkeit behandelt. Diese sind nicht abwaschbar. Wenn Sie keine unbehandelte Zitrone bekommen, die Zitronenschale weglassen.

- Den Backofen auf 180 °C (Umluft 160 °C, Gas 2) vorheizen.
- Für den Boden Mandeln, Zucker, Salz und Butter zu einem Teig vermengen. Den Teig gleichmäßig auf den Kuchenformboden drücken und 10 Minuten backen, bis er knusprig ist. In der Form auf einem Kuchengitter auskühlen lassen.
- Für die Füllung Frischkäse, Zucker, Zitronenschale und Zitronensaft in eine Schüssel geben und kurz schlagen, bis die Masse glatt und cremig ist. Die Eier in Portionen nach und nach – jeweils ein Viertel – zugeben und gründlich einrühren. Bevor das nächste Viertel zugegeben wird, die Wände der Schüssel abkratzen.
- Die Frischkäsemischung auf dem Boden verteilen und den Kuchen 45 Minuten backen. Die Mitte sollte sich noch leicht bewegen, wenn man an die Form klopft.
- Für den Belag sauren Rahm, Zucker und Zitronensaft mischen. Auf den gebackenen Käsekuchen geben. Noch einmal in den Backofen schieben und weitere 5 Minuten backen. Den Kuchen in der Form auf einem Kuchengitter vollständig auskühlen lassen. Zudecken und wenigstens 3 Stunden im Kühlschrank kühlen, noch besser über Nacht.
- Um den Kuchen aus der Form zu lösen, mit einem Messer um seinen Rand fahren. Den Verschluss der Springform lösen und den Rand entfernen. In Stücke schneiden und kalt servieren.

VARIANTEN
Den Kuchen so zubereiten, wie oben beschrieben ist. Sie können aber andere fruchtige Zutaten wählen:

Limetten-Käsekuchen
Verwenden Sie statt Zitronensaft und Zitronenschale die Schale von 1½ unbehandelten Limetten und 2 Esslöffel Limettensaft für die Füllung, dazu einen Esslöffel Limettensaft für den Belag.

Grapefruit-Käsekuchen
Verwenden Sie statt Zitronensaft und Zitronenschale die Schale von ½ gelben Grapefruit und 2 Esslöffel gelben Grapefruitsaft für die Füllung, dazu einen Esslöffel gelben Grapefruitsaft für den Belag.

6–8 PORTIONEN
FÜR DEN KUCHEN
150 g Butter
400 g dunkle Schokolade, in Stücke gebrochen
150 g Zucker
5 Eiweiße, verschlagen

FÜR DIE GLASUR
175 ml Schlagrahm
175 g dunkle Schokolade, in Stücke gebrochen

WICHTIGES ZUBEHÖR
1 Backform mit 25 cm Durchmesser, gefettet oder mit Backpapier ausgelegt

KOCHTIPP
Woher wissen Sie, wann der Eischnee fest genug und doch nicht zu fest ist? Ziehen Sie den Eischnee mit dem Schneebesen hoch, bleibt eine Spitze stehen, die leicht zur Seite fällt, wenn der Schneebesen weggenommen wird, ist die Festigkeit des Eischnees richtig.

Schokoladen-Trüffel-Torte

• Den Backofen auf 150 °C (Umluft 130 °C, Gas Stufe 1) vorheizen. Die Kuchenform fetten oder mit Backpapier auslegen.
• Für den Kuchen Butter und Schokolade bei Mittelhitze in einem Topf verrühren. Gleichmäßig rühren, bis die Masse glatt und glänzend ist. Von der Kochstelle nehmen und lauwarm werden lassen. Zucker und Eigelb in die Schokoladenmischung rühren.
• Die Eiweiße in eine große Schüssel geben und zu einem nicht zu festen Eischnee verschlagen. Mit einem Teigschaber ein Viertel des Eischnees vorsichtig unter die Schokoladenmischung heben und diese Mischung unter den restlichen Eischnee heben. Die Masse in die vorbereitete Form gießen und 45 Minuten backen, bis die Oberfläche sich fest anfühlt, das Innere aber noch etwas klebrig ist. In der Form auf einem Kuchengitter völlig auskühlen lassen.
• Für die Glasur den Schlagrahm in einem kleinen Topf erwärmen, aber nicht ganz zum Kochen kommen lassen. Von der Kochstelle nehmen. Die Schokolade zugeben und eine Minute stehen lassen. Verrühren, bis die Masse glatt und glänzend ist. 30 Minuten abkühlen lassen, bis sie leicht eingedickt ist.
• Um den Kuchen aus der Form zu lösen, mit einem Messer am Rand entlang schneiden. Stürzen und, wenn Backpapier verwendet wurde, das Papier abziehen. Auf eine Servierplatte geben, dabei noch einmal stürzen. Die Glasur auf den Kuchen streichen. In Stücke schneiden und eventuell garniert (siehe unten) servieren.

GARNIERUNGEN FÜR DIE SCHOKOLADEN-TRÜFFEL-TORTE
Sie können diese Torte ohne oder mit Garnierungen servieren. Hier ist eine Auswahl möglicher Garnierungen:

Erdbeeren, halbiert, oder Himbeeren, Sahne, geschlagen oder ungeschlagen, und Kakao zum Bestäuben.

Oder als besonders eindrucksvolle Garnierung können Sie ein Früchtemus zur Torte servieren. Dazu eine Hand voll frischer oder gefrorener Erdbeeren und/oder Himbeeren im Mixer zu einer glatte Masse pürieren. Geben Sie dieses Früchtemus zum Servieren um die Tortenstücke.

Würziger Apfel-Streuselkuchen

• Den Backofen auf 190 °C (Umluft 170 °C, Gas Stufe 3–4) vorheizen.
• Für die Streusel Mehl, Zucker und Butter in der Küchenmaschine rühren, bis die Masse grob und krümelig ist. Oder Mehl und Zucker von Hand verrühren und mit 2 Messern die Butter unter die Mehlmischung schneiden. Beiseite stellen.
• Für das Obst die Apfelspalten gleichmäßig in Zucker und Zimt wenden.
• Für den Kuchenboden Mehl und Backpulver zusammen in eine Schüssel sieben und beiseite stellen. In einer kleinen Schüssel Eier und Milch verschlagen. In einer großen Schüssel die Butter schlagen, bis sie leicht und cremig ist. Langsam den Zucker unter die Butter schlagen, bis die Masse weiß und schaumig ist. Esslöffelweise die Eiermischung zugeben und nach jeder Zugabe gründlich schlagen. Mit einem Teigschaber das Mehl in drei Portionen unterziehen.
• Den Teig gleichmäßig in der vorbereiteten Form verteilen und mit den Äpfeln belegen. Die Streusel über die Äpfel streuen. Etwa eine Stunde backen, bis der Boden goldbraun ist, die Äpfel weich sind und die Ränder des Kuchens sich von der Form lösen.
• Auf einem Kuchengitter 15 Minuten auskühlen lassen, dann mit einem Messer die Seiten des Kuchens lösen und ihn auf einer Servierplatte anrichten. Warm oder mit Zimmertemperatur servieren.

VARIANTEN

Kuchen so zubereiten, wie oben beschrieben ist. Sie können aber andere Früchte wählen:

Rhabarber-Ingwer-Streuselkuchen

Die Äpfel durch 750 g Rhabarber – in 1 cm lange Stücke geschnitten – ersetzen. Statt Zimt gemahlenen Ingwer verwenden.

Brombeer-Apfel-Streuselkuchen

Nur 2 Äpfel verwenden und 250 g Brombeeren zugeben.

Cranberry-Orangen-Streuselkuchen

Die Äpfel durch 250 g Cranberries ersetzen. Die abgeriebene Schale von einer Orange zugeben. Die Zuckermenge um 4 Esslöffel erhöhen.

6–8 PORTIONEN

FÜR DIE STREUSEL
125 g Mehl
60 g Zucker
90 g Butter

FÜR DAS OBST
4 Äpfel, in Scheiben geschnitten
1 EL Zucker
1 TL Zimt

FÜR DEN KUCHENBODEN
175 g Mehl
2 TL Backpulver
3 Eier
1 EL Milch
175 g weiche Butter
175 g Zucker

WICHTIGES ZUBEHÖR

1 Kuchenform mit 25 cm Durchmesser, gefettet oder mit Backpapier ausgelegt

KOCHTIPP

Das Geheimnis erfolgreichen Kuchenbackens liegt in der Temperatur der Zutaten, sie sollten Zimmertemperatur haben. Doch wenn Sie vergessen haben, Butter oder Eier rechtzeitig aus dem Kühlschrank zu nehmen, gibt es ein paar Tricks:
Butter, die weich werden soll, schneiden Sie in kleine Würfel und geben diese in einer Schüssel in ein heißes Wasserbad. Der Boden der Schüssel darf das heiße Wasser aber nicht berühren, weil die Butter sonst schmilzt und nicht nur weich wird.
Um Eier auf Raumtemperatur zu erwärmen, legen Sie die Eier in der Schale für 10 Minuten in eine Schüssel mit handwarmem Wasser.

Mini-Pawlowas mit Beeren

8 PORTIONEN

FÜR DIE BAISERMASSE
6 Eiweiße
350 g Puderzucker
2 TL Mehl
1 TL Essig

FÜR DEN BELAG
250 ml Schlagrahm
500 g Erdbeeren, Himbeeren, Heidelbeeren oder Brombeeren oder eine Mischung davon

KOCHTIPP
Es ist entscheidend, dass die Schüssel, in der Sie die Eier schlagen, völlig fettfrei ist, weil sonst der Eischnee nicht steif wird. Im Zweifelsfall die Schüssel mit in Essig getränktem Küchenpapier ausreiben. Das Eiweiß sollte Zimmertemperatur haben, um beim Schlagen ein möglichst großes Volumen zu ergeben.

• Den Backofen auf 180 °C (Umluft 160 °C, Gas Stufe 2) vorheizen.
• 2 Backbleche mit Backpapier belegen. Auf jedes Stück Backpapier 4 Kreise mit 10 cm Durchmesser zeichnen.
• Die Eiweiße in einer großer Schüssel verschlagen, bis sich weiche Spitzen bilden. Esslöffelweise Zucker zugeben und nach jedem Zugeben kräftig schlagen. Schlagen, bis der Eischnee steif ist. Dann das Mehl und den Essig unter die Baisermasse schlagen.
• Die Baisermasse gleichmäßig auf die Kreise verteilen. Mit einem Teigschaber in eine runde Form ziehen. Mit der Rückseite eines Löffels eine Vertiefung hineindrücken. Die Baisers 5 Minuten backen. Die Hitze auf 120 °C (Umluft 100 °C, Gas Stufe 1) verringern und weitere 45 Minuten backen, bis die Baisers außen fest und innen klebrig sind. Auf einem Kuchengitter vollständig auskühlen lassen, erst dann vom Backpapier abziehen.
• Die Sahne fast steif schlagen. Die Pawlowas mit Sahne füllen. Die Beeren auf der Sahne anrichten. Kalt oder mit Zimmertemperatur servieren.

VARIANTE

Mini-Pawlowas mit Banane und Schokolade

Die Beeren durch 2 Bananen – in Scheiben geschnitten – ersetzen. Die Bananen mit 2 Esslöffeln Zitronensaft beträufeln. 75 g dunkle Schokolade und 3 Esslöffel Schlagrahm in einen kleinen Topf geben und bei Mittelhitze unter ständigem Rühren die Schokolade schmelzen lassen. Von der Kochstelle nehmen und rühren, bis die Masse glatt und glänzend ist. 5 Minuten abkühlen lassen, bis die Schokoladenmischung leicht eindickt. Bananen auf dem Schlagrahm anrichten und die geschmolzene Schokolade darüber träufeln. Zum Verzieren mit Kakaopulver bestreuen.

Frühstück

Früchte-Haferflocken-Frühstück

1 PORTION

4 EL Heidelbeeren
2 getrocknete Datteln, entkernt
2 EL Haferflocken
5 Mandeln
1 kleine Banane
125 ml frischer Apfelsaft
75 ml Vanille-Sojamilch

Heidelbeeren, Datteln, Haferflocken, Mandeln, Banane, Apfelsaft und Sojamilch in den Mixer geben und zu einer glatten Masse pürieren.

Bananen-Sojamilch-Frühstück

1 PORTION

2 Bananen
175 ml Vanille-Sojamilch
4 EL Jogurt
1 TL Honig

Bananen, Sojamilch, Jogurt und Honig im Mixer pürieren.

GESUNDHEITSTIPP
Bananen sind reich an Kalium und komplexen Kohlenhydraten.
Sie sind ein großartiger Energiespender und Nährstofflieferant und deshalb ideal für den Tagesbeginn. Die leicht verdauliche Sojamilch ist eine hervorragende Alternative für alle, die Kuhmilch meiden wollen oder müssen. Kalorienarm, aber mit einem geringen Gehalt an Cholesterin und Kohlenhydraten, ist sie auch eine ausgezeichnete Quelle für pflanzliche Proteine. Wenn Sie genmanipulierte Sojaprodukte umgehen wollen, müssen Sie unbedingt biologische Sojamilch verwenden.

Pfannkuchen mit Beeren

4 PORTIONEN
300 g Mehl
1 EL Backpulver
½ TL Salz
2 Eier, verschlagen
1 EL Zucker
500 ml Milch
2 EL zerlassene Butter
8 EL Heidelbeeren oder Himbeeren oder eine Kombination davon
Öl zum Fetten der Pfanne
Ahornsirup oder flüssigen Honig zum Servieren

- Den Backofen auf 180 °C (Umluft 160 °C, Gas Stufe 2) vorheizen.
- Mehl, Backpulver und Salz in eine Schüssel geben und eine Vertiefung in die Mitte drücken. Eier, Zucker, Milch und Butter in die Mulde geben. Schrittweise das Mehl von den Seiten hineinziehen und alles zu einem glatten Teig rühren. Die Beeren vorsichtig hineinrühren.
- Die Pfanne bei Mittelhitze erhitzen und einfetten. Ausreichend Teig für 10-cm-Pfannkuchen in die heiße Pfanne geben. 3 Minuten garen, bis Blasen an der Oberseite erscheinen und die Unterseite goldbraun ist. Den Pfannkuchen umdrehen, dabei vorsichtig darauf drücken, damit er vollkommen in dem Pfannenboden aufliegt. 2 Minuten garen, bis die Unterseite braun ist.
- Fertige Pfannkuchen auf ein Backblech geben, mit Folie abdecken und sie im Backofen während der Zubereitung der restlichen Pfannkuchen warm halten. Vor jedem neuen Pfannkuchen die Pfanne neu fetten. Heiß mit Ahornsirup oder flüssigem Honig servieren.

VARIANTEN

Alle folgenden Pfannkuchen werden – bis auf die Änderung einiger Zutaten – zubereitet, wie es oben beschrieben ist.

Reis-Pfannkuchen

Statt der Beeren 8 Esslöffel gekochten braunen oder weißen Reis zum Teig geben.

Rosinen-Pfannkuchen

Statt der Beeren 8 Esslöffel Rosinen zum Teig geben.

Vollkorn-Pfannkuchen

Beeren weglassen. Statt weißem Mehl Vollkornmehl nehmen.

Jogurt-Pfannkuchen

Beeren weglassen. Nur 250 ml Milch verwenden. 250 ml Jogurt mit Eiern, Zucker, Milch und Butter zum Mehl geben.

Bananen-Pfannkuchen

Beeren weglassen. Banane in Scheiben bereithalten. Wenn Sie den Teig in die Pfanne geben, sofort 2 Bananenscheiben auf jeden Pfannkuchen legen.

New Orleans Toast

4 PORTIONEN

3 Eier, verschlagen
1 EL Zucker
¼ TL Salz
1 TL Vanille-Extrakt
125 ml Schlagrahm
125 ml Milch
8 Scheiben Weißbrot vom Vortag
125 g Butter
Ahornsirup oder flüssiger Honig zum Servieren

• Den Backofen auf 180 °C (Umluft 160 °C, Gas Stufe 2) vorheizen.
• Eier, Zucker, Salz, Vanille, Schlagrahm und Milch in eine große Schüssel geben. Schlagen, bis die Masse gut vermischt und schaumig ist. Die Brotscheiben in der Eimischung wenden, bis sie rundum gut bedeckt sind.
• Die Hälfte der Butter in einer beschichteten Pfanne bei Mittelhitze zerlassen. Die Hälfte des eingetauchten Brotes hineingeben und 3 Minuten backen, bis die Unterseite goldbraun ist. Wenden und die andere Seite 2 Minuten bräunen.
• Die fertigen Scheiben auf ein Backblech geben und im Backofen während der Zubereitung der restlichen Scheiben warm halten. Die restliche Butter nach Bedarf in die Pfanne geben. Heiß mit Ahornsirup oder Honig servieren.

Rühreier mit Senf

4 PORTIONEN

75 g Butter
8 Eier, verschlagen
6 EL geriebener Käse, z. B. Emmentaler oder Cheddar
2 TL glatter Dijon-Senf
1 EL fein gehackte frische Kräuter (siehe links)
Salz, schwarzer Pfeffer

• Die Butter in einer Pfanne bei Mittelhitze zerlassen. Die Eier hinzufügen und unter stetigem Rühren garen, bis sie eingedickt sind.
• Den Käse zugeben und rühren, bis er geschmolzen ist. Von der Kochstelle nehmen. Senf, Kräuter, Salz und Pfeffer zum Abschmecken unterrühren. Sofort servieren.

WELCHE KRÄUTER?

Wählen Sie Kräuter der Saison. Die folgenden Kräuter eignen sich allein oder als Mischung: Petersilie, Schnittlauch, Frühlingszwiebeln, Estragon, Brunnenkresse, Sauerampfer oder Kerbel.

12 PORTIONEN
300 g Mehl
1 EL Backpulver
½ TL Natron
½ TL Salz
2 Eier, verschlagen
175 g brauner Zucker
250 ml Jogurt
125 ml Butter, zerlassen
1 TL Vanille-Extrakt
175 g Heidelbeeren
Zucker und Zimt zum Bestäuben

WICHTIGES ZUBEHÖR
Form für 12 Muffins, gefettet oder mit Backpapier ausgelegt

KOCHTIPP
Muffins können Sie am Vortag backen. Bei Zimmertemperatur in einer verschlossenen Plastiktüte aufbewahren.

Heidelbeer-Jogurt-Muffins

• Den Ofen auf 190 °C (Umluft 170 °C, Gas Stufe 2–3) vorheizen.
• Mehl, Backpulver, Natron und Salz in eine große Schüssel sieben. Eier, Zucker, Jogurt, Butter und Vanille in einer zweiten Schüssel schlagen, bis sie gut verrührt sind. Die Eiermischung und die Heidelbeeren zum Mehl geben. Einen Teigschaber verwenden, um alles gründlich unter das Mehl zu heben. Nicht zu stark rühren, die Mischung sollte nicht glatt sein. Die Mischung auf die Muffinförmchen verteilen. Mit Zucker und Zimt bestreuen.
• 12 bis 15 Minuten backen, bis die Ränder sich von den Seiten der Form lösen und an einem in die Muffins gestochenen Zahnstocher kein Teig mehr hängen bleibt.
• Die Muffins erst nach 5 Minuten aus der Form nehmen. Ein Messer um die Ränder der Muffins ziehen. Die Muffins zum Abkühlen auf ein Kuchengitter legen. Noch warm oder bei Zimmertemperatur servieren.

VARIANTEN
Alle folgenden Muffins werden – bis auf die Änderung einiger Zutaten – zubereitet, wie es oben angeben ist.

Würzige Bananen-Jogurt-Muffins
Die Heidelbeeren durch 2 gewürfelte Bananen und 2 Teelöffel Zimt ersetzen.

Cranberry-Nuss-Jogurt-Muffins
Die Heidelbeeren durch 175 g Cranberries und 60 g gehackte Nüsse (Pekan- oder Walnüsse) ersetzen.

Zitronen-Birnen-Jogurt-Muffins
Die Heidelbeeren durch 2 gewürfelte Birnen und die geriebene Schale einer Zitrone ersetzen.

Menüs für jede Jahreszeit

Picknick im Grünen

Gutes Essen schmeckt im Freien immer besser, egal, ob am Strand, im Park oder zu Hause auf dem Rasen. Für Picknicks braucht man Gerichte, die sich gut transportieren lassen und nachfolgend finden Sie ein tragbares Menü. Alles kann im Voraus zubereitet werden. Damit der Rand knusprig bleibt, die Pizzas vor dem Einpacken auf einem Kuchengitter völlig auskühlen lassen.

Pizza mit Spinat, Käse und Pinienkernen (s. S. 49)
Marinierte Bohnen mit Olivenöl, Zitrone und Chili (s. S. 101)
Paprika-Artischocken-Salat mit Feta, Tomaten und Rauke (s. S. 42)

•

Baguette oder Ciabatta
verschiedene Käsesorten

•

Melonenscheiben und weiße Weintrauben
Vanille-Schokoladenplätzchen (s. S. 120)

•

Limonade

Ein herbstliches Menü

Ein farbenfreudiges vegetarisches Menü für jene Zeit, wenn die Sommerfrüchte noch im Überfluss vorhanden sind und die ersten Winterkürbisse an den Marktständen auftauchen.

Bruschetta mit Olivenöl und Paprika-Mandel-Pesto (s. S. 54)

•

Ingwer-Kürbis-Suppe (s. S. 30)

•

Pilz-Quiche (s. S. 65)
Gebackene Zwiebeln (s. S. 110)
Geröstete Tomaten (s. S. 100)

•

Gestürzter Pflaumen-Karamell-Kuchen (s. S. 114)
Crème fraîche

Spätes Frühstück für einen sonnigen Sonntag

Decken Sie den Tisch im Garten, auf der Terrasse oder am offenen Fenster. Entspannen Sie sich und lesen Sie die Sonntagszeitung im Sonnenschein.

Früchte-Haferflocken-Frühstück (s. S. 133)

•

Rühreier mit Senf (s. S. 137)

•

Schale mit Sommerfrüchten wie Pfirsiche, Kirschen und Aprikosen

•

Kaffee, Tee

Suppenkaspars Dinner-Party

Töpfe mit Suppe, in denen es sanft blubbert, auf dem Herd machen das Kochen für viele Leute einfach. Ihre Gäste heißt das verlockende Aroma von einer dampfenden Suppe und warmem Brot willkommen. Wenn Sie gern backen, wählen Sie auf Seite 53 eine Focaccia-Variante aus – mit Olivenöl, Rosmarin, Oliven oder Zwiebel. Oder noch besser: Servieren Sie alles vier.

Toskanische Suppe mit Gemüse und Bohnen (s. S. 20)
Möhren-Pastinaken-Suppe mit Ingwer (s. S. 24)
Kartoffelsuppe mit Knoblauch und Fenchel (s. S. 23)
eine Auswahl an verschiedenen warmen Brotsorten

•

Heidelbeer-Birnen-Crisp (s. S. 119)
Vanille-Eis

Marokko bittet zu Tisch

Ein Fest der Aromen für einen dunklen Winterabend. Decken Sie dazu passend den Tisch in leuchtenden Farben..

gemischte gesalzene Oliven
Marokkanisch gewürzte Möhrensuppe (s. S. 24)
warmes Fladenbrot

•

Koriander-Lamm mit Kichererbsen-Sauce (s. S. 71)
Winterliches Wurzelgemüse (s. S. 102)
Butter-Couscous

•

gekühlte Orangenscheiben
eine Obstschale mit getrockneten Aprikosen und Feigen und frischen Datteln

Stiller Abend am Kamin

Wenn es kalt wird und die Tage kürzer werden, sollten Sie mit diesem Menü dem Winter ein Schnippchen schlagen. Sie brauchen: Kerzenlicht, Porzellan und gute Freunde.

Brunnenkresse-Chicorée-Salat mit Räucherlachs (s. S. 38)

•

Geröstetes Hähnchen mit Kräuter-Ziegenkäse (s. S. 62)
Möhren-Kartoffelpüree (s. S. 94)

•

Schokoladen-Trüffel-Torte (s. S. 124)

Sonntags zu Hause

Ein Menü für jede Jahreszeit, das traditionelle Sonntagsgerichte mit neuen Ideen kombiniert.

Kartoffelsuppe mit Knoblauch und Porree (s. S. 23)

•

Gebackenes Hähnchen mit grünen Oliven und Zitronenkartoffeln (s. S. 77)
Knoblauch-Gemüse (s. S. 92)

•

Vanille-Eis
Schokoladen-Fudge (s. S. 116)

Mittsommernacht mit Freunden

Decken Sie den Tisch an einem schattigen Fleckchen im Garten und öffnen Sie eine gekühlte Flasche Weißwein oder Rosé.

Bruschetta mit Avocado-Ziegenkäse (s. S. 56)

•

Tomatensuppe mit Paprika und Basilikum (s. S. 26)

•

Pizza mit Auberginen und Basilikum (s. S. 50)
Blattsalate der Saison
Zitrone-Knoblauch-Dressing (s. S. 108)

•

Köstlicher Zitronen-Käsekuchen (s. S. 123)
reife Erdbeeren

Gemütlicher Brunch an Winter-Wochenenden

Brunch ist eine entspannende Mahlzeit und eine gute Gelegenheit für ein zwangloses Beisammensein mit der Familie und Freunden. Alle Gerichte können vorher zubereitet werden und brauchen nur ein paar Minuten im Backofen zum Aufwärmen. Mimosen, frisch gepresster Orangensaft und Champagner vollenden diese klassische Mahlzeit.

Zwiebel-Quiche (s. S. 65)
Blattsalate der Saison
Honig-Senf-Dressing (s. S. 108)

•

Zitronen-Birnen-Jogurt-Muffins (s. S. 138)
Cranberry-Orangen-Streuselkuchen (s. S. 127)
eine winterlicheObstschale mit Mandarinen, Bananen und Kiwis

•

Kaffee, Tee

Schnelle Abendessen

Wenn Sie gern einen wirklich süßen Nachtisch möchten, wählen Sie unsere Garnierungen zu Vanille-Eis – Toffee-Bananen, Beerenauslese, Karamellisierte Äpfel und Schokoladen-Fudge (s. S. 116).

Im Frühling

Würzige Linsensuppe mit Blattspinat (s. S. 29)

•

Jogurt mit Bananenscheiben und einem Hauch von Honig

Im Sommer

Rote Paprika mit Kartoffeln und Oliven (s. S. 92)

•

ein Obstteller mit Pfirsichscheiben und Erdbeeren

Im Herbst

Spaghetti mit gerösteten Kirschtomaten (s. S. 69)

•

reife Birnen, Walnüsse und ein Stück Blauschimmelkäse

Im Winter

Würzige Rote Linsen (s. S. 82)
gedämpfter Reis

•

Mandarinen

Spätsommer-Barbecue

Mit Grillparties auf der Terrasse lassen sich leicht Feste feiern. Während Ihre Gäste sich am Grill versammeln, sollten die köstlichen, rauchigen Düfte ihren Appetit entzünden.

Bruschetta mit Avocado-Ziegenkäse (s. S. 56)

•

Gegrilltes Gemüse mit Pesto-Dressing (s. S. 37)
Lammkoteletts mit Balsamico (s. S. 82)
Salat aus neuen Kartoffeln mit Vinaigrette (s. S. 111)

•

Mini-Pawlowas mit Beeren (s. S. 128)

A la Française

Ein festliches Mahl für Familie und Freunde, bei dem Frankreich grüßen lässt. Reichen Sie dazu einen körperreichen Rotwein und denken Sie daran, reichlich Brot bereitzustellen.

Kartoffelsuppe mit Knoblauch und Petersilie (s. S. 23)

•

Quiche mit Porree (s. S. 65)

•

Rindfleisch-Schmortopf mit Rotwein und Knoblauch (s. S. 78)

•

Baguette
Französisches Käseplateau

•

Apfel-Karamell-Kuchen (s. S. 114)
Crème fraîche

Frühlingsgefühle

Feiern Sie den Frühling mit diesem leichten Menü, das den frischen Produkten der Saison die Ehre erweist. Grillen Sie für die Gemüseplatte zarte Spargelstangen anstelle des gemischten Gemüses und verwenden Sie zur Pesto-Sauce kein Basilikum, sondern Petersilie.

Gegrilltes Gemüse mit Pesto-Dressing (s. S. 37)

•

Frühlingsgemüse-Ragout (s. S. 104)
warmes knuspriges Brot

•

Erdbeer-Rhabarber-Crisp (s. S. 119)
dicke Sahne

Register

K

L

M

N

O

P

Q

R

BERATUNG
Rosie Kindersley

ART-DIRECTOR
Stuart Jackman

REDAKTION
Sally Somers

HERSTELLUNG
Maryann Webster

FOOD-STYLING
Eric Treuille

Dank

Eric Treuille dankt:
Meiner Frau Rosie, die wie immer alles geschehen ließ.
Julia Pemberton Hellums, die wieder einmal alles zusammenhielt.
Dem Team der Books for Cooks, vor allem Victoria Blashford Snell und Ursula Ferrigno, für ihre Leidenschaft für gutes Essen und ihre Bereitschaft, ihre Ideen mit uns zu teilen.
Sally Somers für ihr Wissen über Dal und dafür, dass sie über alles diskutierte – beides bedeutete mir sehr viel.
Ian O'Leary, natürlich für seine fantastischen Fotos, aber auch dafür, dass ich mit und nicht nur für einen Fotografen arbeiten durfte.
Stuart Jackman, der uns die Gelegenheit für dieses Projekt gab und dafür sorgte, dass es so viel Spaß gemacht hat.

Renée Elliotts Dank gilt:
Brian, meinem Mann, für seine bedingungslose Unterstützung.
Meiner Mutter, dass ihr Essen und Kochen ein Fest war. Meinem Vater für seinen Gemüsegarten.
Rosie Kindersley, dass sie alles unter einen Hut brachte. Und Peter, ihrem Vater, dass er dieses Buch ermöglichte.